臺灣歷史與文化 研究輯刊

二十編

第 6 冊

人之初,「信」本善——從艋舺龍山寺
持蓮童子像看台灣民間中的童子圖像

陳遵旭 著

花木蘭文化事業有限公司

國家圖書館出版品預行編目資料

人之初，「信」本善——從艋舺龍山寺持蓮童子像看台灣民間
中的童子圖像／陳遵旭 著 -- 初版 -- 新北市：花木蘭文化事
業有限公司，2021〔民110〕
目 10+230 面；19×26 公分
（臺灣歷史與文化研究輯刊二十編；第 6 冊）
ISBN 978-986-518-553-4（精裝）
1. 民間信仰 2. 宗教文化 3. 臺灣
733.08 110011282

ISBN-978-986-518-553-4

臺灣歷史與文化研究輯刊
二十編 第六冊 ISBN：978-986-518-553-4

人之初，「信」本善
——從艋舺龍山寺持蓮童子像看台灣民間中的童子圖像

作　　者　陳遵旭
總 編 輯　杜潔祥
副總編輯　楊嘉樂
編　　輯　許郁翎、張雅淋、潘玟靜　美術編輯　陳逸婷
出　　版　花木蘭文化事業有限公司
發 行 人　高小娟
聯絡地址　235　新北市中和區中安街七二號十三樓
　　　　　電話：02-2923-1455 ／傳真：02-2923-1452
網　　址　http://www.huamulan.tw 信箱 service@huamulans.com
印　　刷　普羅文化出版廣告事業
初　　版　2021 年 9 月
全書字數　114395 字
定　　價　二十編 14 冊（精裝）台幣 35,000 元

人之初，「信」本善——從艋舺龍山寺持蓮童子像看台灣民間中的童子圖像

陳遵旭　著

作者簡介

陳遵旭，高雄人，畢業於逢甲大學歷史與文物研究所，現職為逢甲大學文化資產與文物保存研究中心專案研究員。個人主要專長為文物調查研究、宗教文化研究、文案企劃、宗教圖像分析。

過去曾任法界衛星擔任文字記者、廣福文化產業發展協會副執行長、駿驤整合行銷文案企劃組長、大步文化發展協會理事長、財團法人廣天總道院道教傳度基金會董事長特助兼企劃部主管、北京新維暢想文創規劃師、逢甲大學歷史與文物研究所專案助理。

擁有許多劇本編寫、刊物編輯、文案企劃、活動企劃、展覽企劃、媒體規劃、心靈講座講師、文物調查研究、宗教文化講師、演講主持等經驗，有著豐富個人接案與寫作歷程。

提　　要

童子圖像在人類文明中，是一種歷史悠久、隨處可見卻容易受到忽視的存在，尤其中國的童子圖像，顯見於佛教文化，後隨著時代風格演變，產生了跨越宗教神聖與風俗藝術的各類型圖像運用。台灣民間信仰中的各式童子圖像也承襲著傳統符號的意涵，卻同樣多屬配角或裝飾之功能，在民間信仰中散發著無人注意的光彩。

當廣泛的分析梳理台灣民間信仰中的童子圖像後，發現這些童子圖像，受到如祭祀位階、傳說塑造、主從關聯、空間配置等諸多因素影響，造就了其在信仰功能與形制上的獨特性與變異性。另一方面亦有著非祭祀的裝飾運用功能，在主體與附屬等題材中，展現多元而豐富的形制風格。

其中，艋舺龍山寺所供奉之持蓮童子像，其形制與圖像符號蘊含著傳統求子佑兒信仰或吉祥意涵。並透過與台灣民間信仰當中其他的童子圖像與信仰相比較，推論出其原本為附屬配件形童子的形制。而其供奉形式，亦強化了其圖像符號所呈現的信仰功能。證明了蓮花與童子的圖像脈絡、符號形制與信仰功能的關聯性。

藉由本研究可以發現，台灣民間信仰當中的童子圖像，有著既有的中國傳統文化既定印象。但也因為地域文化、歷史背景與社會觀念的影響發展，在近數十年的童子圖像與信仰中，產生出各類新興功能與多元形制，反映出童子的獨立本體性逐漸被看見。在傳統的自然崇拜、品德崇拜等信仰成因外，增添了一種以孩童性格與外觀印象為信仰功能的特性崇拜。令台灣的童子圖像信仰，在既有的觀念框架中，走出了一條富有生命力的路線。

目

次

表目次

第一章　緒　論

第一節　研究動機與背景

　　探索生命的起源與開端，是人類非常熱衷的一道議題，在這樣的議題中，孩童或嬰兒是生命開端最顯著的形象，但這樣的形象無論在東西方，卻往往是陪襯及附屬而非主流之呈現。事實上，「兒童」這一概念的出現與關注是相當晚近的事情，在其相對的「成人」眼中，「兒童」是一種非固定意義的指稱，在歷史、文化、社會等層面，兒童都被以不同的方式描述〔註1〕。可以說，兒童的呈現是透過成人而形塑。

　　而在信仰的領域裡，兒童的形象往往有著其特殊的含意與襯托功能，從西方藝術所呈現神話中的孩童、聖嬰耶穌，一直到東方的佛教化生童子及誕生佛，當中的神聖象徵與生命之初的純潔象徵似有莫大關聯。另一方面，兒童所象徵的生育意義，也透過兒童形象的借代，以信仰儀式與圖像形制的方式，同時出現在宗教與風俗的不同領域之中。

　　建寺於清代的艋舺龍山寺，後殿中的註生娘娘殿，是一個特別的陪祀空間，其內供奉註生娘娘、大肚夫人、池頭夫人、朱夫人、十二婆者等，以滿足信徒對於生育、幼兒護佑的信仰需求。當中最為特別的為一尊持蓮童子像，此尊神像根據現場信徒參拜訪問與寺方說明，為護佑兒童順利平安成長之信仰功能。在這樣的信仰空間中，持蓮童子以一尊極度生活化的樣貌，開襠褲、

〔註1〕David Buckingham 著；楊雅婷譯，《童年之死：在電子媒體時代下長大的孩童》（臺北市：巨流，2003），頁 8～9。

動態坐姿、手持蓮葉與蓮花、眉目清秀活潑，在在都呈現了孩童活潑天真的形象（圖1），肩負著信徒們希望護佑自己小孩的祈願。

圖1：艋舺龍山寺　持蓮童子像

　　這樣的一尊持蓮童子像，有著佛教信仰「化生童子」中「蓮生形」的圖像淵源，以蓮花與童子形，強調生命的潔淨不染，以及淨土世界的莊嚴妙曼。〔註2〕另盛行於宋代民間的七夕節物「磨喝樂」，從其「魔合羅」、「摩孩羅」、「摩侯羅」等多種梵文譯名可知，此物與佛教信仰有著相當關聯，當中廣受歡迎的手持蓮花或蓮葉的童子圖像，與本研究之標的物亦有著相同的元素符

〔註2〕陳俊吉，〈北朝至唐代化生童子的類型探究〉，《書畫藝術學刊》，15（新北市，2013），頁185～187。

號。借著蓮蓬「一蓮多子」與童子活潑的符號象徵，來實現此類圖像「乞巧」、「多子多福」、「祈願生子」的願望，〔註3〕取其諧音「連生貴子」，象徵著多子吉祥之意。此外，持蓮童子像的動態形制，亦與中國傳統之「嬰戲紋」有著圖像的相似性，不僅展現出孩童的活潑象徵，其手持之蓮花同樣的也為「嬰戲紋」常見之紋飾。

從童子與蓮花的組合符號中，可以發現這樣的元素在中國歷史裡有著其信仰與文化的圖像發展脈絡。而此尊持蓮童子像在台灣民間信仰童子圖像裡，則在相似的符號中，有著其圖像形制、信仰功能、供奉形式的獨特性。本文即以此尊神像為例，從圖像符號進行縱向歷史分析，探討其演變脈絡或信仰功能之關聯性。

另一方面，艋舺龍山寺中的持蓮童子像常有人將之視為哪吒三太子，然從廟方人員口述與信仰圖像辨識符號可知，兩者絕非相同。同樣都是童子像的持蓮童子與哪吒三太子，甚至在台灣民間信仰中的各類型童子圖像，其信仰功能與圖像之間所存在的異同性，成為了可深入探討之議題。因此本文亦欲將與台灣各類型之童子圖像與其信仰功能進行橫向比較，將此類型童子圖像中的信仰功能結構，做一共時性的分析。

瑞士語言學家索緒爾曾提出，語言學當中「被表示」與「表示」，也就是「能指」與「所指」是符號的組成結構，透過表像表達的「能指」，呈現內涵的「所指」，這成為符號學的基礎理論。〔註4〕在這樣的結構下來看，持蓮童子像當中的各種符號，如「蓮花」、「童子」、「開襠褲」等，不僅是表徵的形制造型，其背後所蘊含的歷史脈絡、信仰發展、藝術表現、轉變現象等等內容，並成為台灣民間信仰中的一個重要造像，當中的本質與演變，成為一個值得深入探討的研究課題。因此，筆者曾將此議題之初步概念與分析，以篇名〈初探台灣童子像的圖像與信仰功能──以艋舺龍山寺持蓮童子為中心〉投稿於《庶民文化研究》第19期，〔註5〕本篇論文也將以此為基礎，更進一步的分析台灣民間信仰中的童子圖像功能與運用。

〔註3〕張文珺，〈江南泥孩兒歷史淵源考略〉，《美術與設計》，4（南京，2014），頁127。

〔註4〕羅蘭‧巴特著，董學文、王葵譯，《符號學美學》（台北市：商鼎文化，1992），頁30～35。

〔註5〕陳遵旭，〈初探台灣童子像的圖像與信仰功能──以艋舺龍山寺持蓮童子為中心〉，《庶民文化研究》，19（台中市，2019），頁1～44。

第二節　研究問題與目的

　　中國童子圖像起源極早，運用甚廣，種類繁多，透過本文梳理中國童子圖像的發展脈絡，並從中分析童子圖像如何在信仰與風俗中產生多元運用。同時，以艋舺龍山寺的持蓮童子像為例，試圖從此文物的圖像、形制、風格、信仰功能、歷史脈絡等研究角度，釐清其在歷代童子圖像紋飾發展脈絡中的承繼關係，以及在台灣民間信仰中所呈現的信仰功能關聯性，從文物的歷時性發展，探討中國童子圖像中的持蓮童子圖像脈絡由來。其中在信仰本源及風俗文化，以及藝術創作之間的互相影響與流傳，呈現宗教影響風俗，風俗又影響宗教的交流。

　　另一層面，台灣民間信仰的諸多童子圖像運用中，單體式或附屬配件式的圖像形制、型態的呈現方式，以及信仰空間中的配置，影響了此類型童子信仰功能的結構。因此本文欲將台灣民間信仰中可見的童子圖像進行橫向比較，在相類似的童子形制當中，分析其圖像與形制之共時性，並藉由不同類型童子像形制與功能的比較，探討此類童子像中的各種信仰結構之組成。

第三節　文獻回顧

　　綜觀童子圖像或童子信仰之研究，其起源並不算太早，過去研究者亦多將之分而論述。本研究就其相關研究範圍進行探討，從廣泛的兒童與生活圖像之研究文獻開始，逐步縮小範圍，並以兒童生活領域中的「嬰戲紋」圖像作為第二層研究分析。除此之外，宗教領域中蘊含著大量的童子圖像，其文化與信仰意涵同樣也影響著本研究主題之發展脈絡。而宗教領域中的佛教信仰，其化生童子與本研究中心題材之持蓮童子像有著圖像發展上的關聯性，因而就此相關研究進行文獻蒐集與探討。另透過研究發現，宋代時的風俗產物「磨喝樂」，同樣也具有與持蓮童子像相似的圖像元素以及信仰功能，為探究其中的發展脈絡，亦進行相關研究的蒐集與探討。同時，童子圖像在風俗化的過程中，同樣廣泛的運用於藝術作品之上，尤其玉器與陶瓷器，無論形制或紋飾，大量的童子母題所反映的文化意識轉變，與本研究的信仰層面或可做為互相呼應之探討。

一、兒童或其生活圖像之研究

　　若論廣泛的兒童或其生活之圖像研究，有：曲巍巍的〈中國傳統繪畫中嬰兒形象的歷史演變及其審美價值〉〔註6〕、鄭陽的〈唐代兒童圖像研究〉〔註7〕、劉軍的〈中國民間年畫中童子圖像研究〉〔註8〕、楊秀清的〈敦煌石窟壁畫中的古代兒童生活（一）〉〔註9〕、彭曉敏的〈清代人物畫中兒童圖像研究〉〔註10〕、吳玡的〈西夏圖像中的童子形象〉〔註11〕，以及王慧的〈宋遼金考古遺存中的孩童形象研究〉〔註12〕和董秋雨的〈巴蜀石窟嬰孩形象藝術研究〉〔註13〕。這些研究多從時代或特定區域，以及中國傳統繪畫中的孩童形象作為主要範疇。藉由這些研究，中國歷代兒童形象得以鮮明的呈現，可以發現藝術作品中的兒童圖像，創作者從自身時代的眼光與風格中，展現出兒童獨有的天真活潑，也反映了該時代的兒童形象，以此作為兒童圖像發展的重要研究依據。

　　而在此研究領域內，亦有從兒童圖像出發，延伸而出對於圖像內特定表現元素之研究，如：宋丙玲的〈唐代兒童服飾探究——以兒童圖像為中心的考察〉〔註14〕、王偉的〈古代繈褓嬰兒塑像的民俗功能研究〉〔註15〕、李雁的〈中國古代兒童服飾研究〉〔註16〕。此類相關研究包含了對於兒童服飾的表現，成為本文在研究童子形圖像時對於其服飾的佐證，也透過此類研究初

〔註 6〕曲巍巍，〈中國傳統繪畫中嬰兒形象的歷史演變及其審美價值〉，中央美術學院美術學碩士論文，2008 年。

〔註 7〕鄭陽，〈唐代兒童圖像研究〉，中央美術學院美術學碩士論文，2010 年。

〔註 8〕劉軍，〈中國民間年畫中童子圖像研究〉，蘇州大學設計藝術學碩士論文，2011 年。

〔註 9〕楊秀清，〈敦煌石窟壁畫中的古代兒童生活（一）〉，《敦煌學輯刊》，1（蘭州，2013），頁 24～46。

〔註10〕彭曉敏，〈清代人物畫中兒童圖像研究〉，陝西師範大學美術學碩士論文，2014 年。

〔註11〕吳玡，〈西夏圖像中的童子形象〉，《西夏研究》，1（寧夏，2016），頁 42～49。

〔註12〕王慧，〈宋遼金考古遺存中的孩童形象研究〉，吉林大學考古學碩士論文，2017 年。

〔註13〕董秋雨，〈巴蜀石窟嬰孩形象藝術研究〉，重慶大學美術學碩士論文，2018 年。

〔註14〕宋丙玲，〈唐代兒童服飾探究——以兒童圖像為中心的考察〉，《山東藝術學院學報》，5（濟南，2011），頁 33～40。

〔註15〕王偉，〈古代繈褓嬰兒塑像的民俗功能研究〉，《中國美術館》，11（北京，2012），頁 111～115。

〔註16〕李雁，〈中國古代兒童服飾研究〉，蘇州大學設計藝術學博士論文，2015 年。

步探究出兒童塑像在民俗文化中，是如何被運用，可以與本文所探討之台灣民間信仰中的童子像相互印證。

除此之外，東西方兒童形象的比較也是此類型圖像研究的關注點的研究角度，包括像：于鳳的〈中國宋代與十七世紀西方繪畫中兒童形象的比較研究〉〔註17〕，以及王蕙瑄的〈論哪吒與彼德潘——東西方文化裡的永恆兒童〉〔註18〕等，皆是從繪畫及文化等角度探討東西方孩童形象的差異性比較。透過此類研究，可以發現東西方文化中對於兒童圖像的描繪，在題材、表現手法、觀念轉換上，都有著顯著差異，若是以此反映在本文主題中，則能映襯台灣民間信仰童子圖像在發展演變當中，所受到的觀念影響，以及對於此轉變現象的分析說明。

二、嬰戲紋的歷史脈絡及其中文化意涵和發展之研究

從童子圖像中延伸而出並廣泛運用的則當屬歷代嬰戲紋，對於此類特定紋飾的圖像研究，從巫大軍、楊艷的〈中國傳統嬰戲圖解讀〉〔註19〕、陳璐的〈兩宋嬰戲圖像與宗教〉〔註20〕、謝錚的〈嬰戲圖紋的敘事文化現象〉〔註21〕、宋春艷的〈淺析宋代嬰戲圖盛行的原因〉〔註22〕、張海燕的〈元明清嬰戲圖藝術研究〉〔註23〕和劉淑音的〈以「連生貴子」為例試論嬰戲裝飾題材的隱含意義〉〔註24〕等研究中，可以看出嬰戲圖的歷史脈絡以及其中文化意涵和發展的探究。另也從中可以發現，本文作為範例的艋舺龍山寺持蓮童子，以及台灣民間信仰中的童子圖像，均與嬰戲紋中的部分題材相似，或

〔註17〕于鳳，〈中國宋代與十七世紀西方繪畫中兒童形象的比較研究〉，哈爾濱師範大學美術學碩士論文，2015年。

〔註18〕王蕙瑄，〈論哪吒與彼德潘——東西方文化裡的永恆兒童〉，《竹蜻蜓·兒少文學與文化》，3（台東，2017），頁193～221。

〔註19〕巫大軍、楊艷，〈中國傳統嬰戲圖解讀〉，《文藝爭鳴》，14（長春，2010），頁120～122。

〔註20〕陳璐，〈兩宋嬰戲圖像與宗教〉，《美術大觀》，10（沈陽，2010），頁22～23。

〔註21〕謝錚，〈嬰戲圖紋的敘事文化現象〉，《藝術與設計（理論）》，5（北京，2011），頁283～284。

〔註22〕宋春艷，〈淺析宋代嬰戲圖盛行的原因〉，《大眾文藝》，9（石家莊，2012），頁33～34。

〔註23〕張海燕，〈元明清嬰戲圖藝術研究〉，福建師範大學美術學碩士論文，2013年。

〔註24〕劉淑音，〈以「連生貴子」為例試論嬰戲裝飾題材的隱含意義〉，《藝術學報》，97（新北市，2015），頁19～42。

亦可從中探討兩者之間的發展脈絡。

　　當然，嬰戲紋的運用則是獲得更深度的探討，其中以陶瓷器上的嬰戲紋研究為大宗，包括：聶志文的〈中國傳統陶瓷嬰戲紋裝飾之研究〉〔註 25〕、曹建文的〈從具象到抽象演變的一個民間藝術範例——景德鎮明代民間青花嬰戲紋演變過程的考察〉〔註 26〕、鄧建民的〈《嬰戲圖》的藝術特色〉〔註 27〕、劉志國的〈磁州窯藝術中的兒童形象〉〔註 28〕、侯志剛及薛聰銳的〈「嬰戲」題材古瓷器之藝術風格賞析〉〔註 29〕、毛小龍及李紹蘭的〈宋湖田窯青白瓷嬰戲紋碗紋飾探究〉〔註 30〕、張中聞的〈論瓷上嬰戲圖的演變及創新〉〔註 31〕、鄔德慧及王雪艷的〈嬰戲紋在陶瓷裝飾藝術中的演變〉〔註 32〕、王雪艷的〈中國古瓷嬰戲紋研究〉〔註 33〕、石金女及石建東的〈淺談陶瓷嬰戲圖的發展〉〔註 34〕、林海慧及姜苑的〈論磁州窯的嬰戲紋裝飾〉〔註 35〕、吳曉璇的〈宋金耀州窯及磁州窯嬰戲紋對比研究〉〔註 36〕。另外也有如莊程恒的〈慶堂與

〔註 25〕聶志文，〈中國傳統陶瓷嬰戲紋裝飾之研究〉，中國文化大學藝術研究所碩士論文，1988 年。

〔註 26〕曹建文，〈從具象到抽象演變的一個民間藝術範例——景德鎮明代民間青花嬰戲紋演變過程的考察〉，《南京藝術學院學報》，4（南京，2004），頁 99～100。

〔註 27〕鄧建民，〈《嬰戲圖》的藝術特色〉，《景德鎮陶瓷》，16：4（南京，2005），頁 15～16。

〔註 28〕劉志國，〈磁州窯藝術中的兒童形象〉，《陶瓷科學與藝術》，1（株洲，2007），頁 38～41。

〔註 29〕侯志剛、薛聰銳，〈「嬰戲」題材古瓷器之藝術風格賞析〉，《時代文學》，5（濟南，2008），頁 149。

〔註 30〕毛小龍、李紹蘭，〈宋湖田窯青白瓷嬰戲紋碗紋飾探究〉，《美術大觀》，2（沈陽，2009），頁 25。

〔註 31〕張中聞，〈論瓷上嬰戲圖的演變及創新〉，《中國陶瓷》，45：6（景德鎮，2009），頁 78～80。

〔註 32〕鄔德慧、王雪艷，〈嬰戲紋在陶瓷裝飾藝術中的演變〉，《中國陶瓷》，46：1（景德鎮，2010），頁 69～74。

〔註 33〕王雪艷，〈中國古瓷嬰戲紋研究〉，景德鎮陶瓷學院設計藝術學碩士論文，2011 年。

〔註 34〕石金女、石建東，〈淺談陶瓷嬰戲圖的發展〉，《景德鎮陶瓷》，2（景德鎮，2011），頁 152～153。

〔註 35〕林海慧、姜苑，〈論磁州窯的嬰戲紋裝飾〉，《文物春秋》，6（石家莊，2011），頁 22～28。

〔註 36〕吳曉璇，〈宋金耀州窯及磁州窯嬰戲紋對比研究〉，《黑龍江史志》，3（哈爾濱，2014），頁 299～300。

淨土——晉南金墓中的嬰戲圖像及其雙重信仰〉〔註37〕之特殊嬰戲紋領域研究。由此可見，嬰戲紋的運用之廣泛，尤其在歷代陶瓷器上更是常見之紋飾題材，這也證明此類圖飾的風俗化發展與演變。

三、宗教信仰相關的童子圖像運用及發展之研究

深入探究，中國童子圖像的發展脈絡可以說起源於宗教信仰，在此領域當中童子圖像是如何被運用，並呈現出什麼樣的信仰發展，也有為數不少的研究者投入其中，包括有：陳清香的〈歡喜‧自在——佛教圖像中的童子造型〉〔註38〕、王勝澤的〈西夏佛教藝術中的童子形象〉〔註39〕、森下和貴子的〈興福寺西金堂の安置仏：本尊釈迦如来像と童子形羅睺羅像〉〔註40〕，這些研究專注在佛教信仰中童子圖像的形制與藝術運用。而二階堂善弘的〈哪吒太子考〉〔註41〕，則是針對哪吒太子的信仰與圖像源流進行脈絡性的考證。以及車瑞的〈紅孩兒形象考論〉〔註42〕梳理了小說文本中的紅孩兒形象發展，可以發現兩者皆與佛教信仰有著莫大淵源，亦對後世的信仰圖像有著脈絡上的關聯性。另陳俊吉則專注在佛教信仰中「善財童子」的信仰與圖像本源和其發展〔註43〕，從佛典文本、歷史背景、圖像運用等層面剖析善財

〔註37〕莊程恒，〈慶堂與淨土——晉南金墓中的嬰戲圖像及其雙重信仰〉，《美術學報》，4（廣州，2014），頁 21～30。

〔註38〕陳清香，〈歡喜‧自在——佛教圖像中的童子造型〉，《傳統藝術》，19（宜蘭，2002），頁 52～55。

〔註39〕王勝澤，〈西夏佛教藝術中的童子形象〉，《敦煌學輯刊》，4（蘭州，2015），頁 123～131。

〔註40〕森下和貴子，〈興福寺西金堂の安置仏：本尊釈迦如来像と童子形羅睺羅像〉，《奈良美術研究》，19（東京，2018），頁 1～18。

〔註41〕二階堂善弘，〈哪吒太子考〉，《1996 年佛學研究論文集——當代臺灣的社會與宗教》（高雄市：佛光，1996），頁 289～292。

〔註42〕車瑞，〈紅孩兒形象考論〉，《太原理工大學學報》，33：1（太原，2015），頁 64～67。

〔註43〕相關文章可見：陳俊吉，〈中國善財童子的「五十三參」語彙與圖像考〉，《書畫藝術學刊》，12（新北市，2012），頁 355～396。陳俊吉，〈本生故事的善財童子對於亞洲文藝影響之初探：兼談中國此類造像藝術未發展之成因〉，《書畫藝術學刊》，13（新北市，2012），頁 259～297。陳俊吉，〈消失的造像傳統：唐密經論中曼荼羅的善財童子造像〉，《書畫藝術學刊》，14（新北市，2013），頁 111～139。陳俊吉，〈唐五代善財童子造像研究〉，國立臺灣藝術大學書畫藝術學系博士論文，2013 年。陳俊吉，〈雷峰塔地宮玉雕童子像探究：五代善財童子異化的獨立造像〉，《玄奘佛學研究》，22（新竹市，2014），頁

童子這一著名的佛教童子角色，提供了全面且完整的形象論述。從中可以發現台灣民間信仰中的部分童子圖像，也同仰有著深厚的佛教文化底蘊。

除此之外，林美容及劉家宏的〈太子爺與囝仔公——台灣囝仔神之研究〉〔註44〕，則是少數關注台灣童子神信仰的研究，但也僅將研究目標設定在太子爺與囝仔公，從陰神與陽神的信仰形成進行比較，較未廣泛的關注台灣民間信仰中更多類型的童子圖像與信仰的存在。而本研究也將在這樣的基礎之上，探討台灣民間信仰中不同類型的童子圖像的成形與發展，以及其宗教功能的運用。

四、佛教信仰中的化生童子相關研究

在宗教信仰中最為常見的童子圖像，當屬佛教信仰裡的化生童子，其中，楊雄的〈莫高窟壁畫中的化生童子〉，〔註45〕以莫高窟壁畫為範疇，探討了佛教藝術當中的化生童子圖像。陳俊吉則是關注北朝至唐代的化生童子圖像類型及風俗化的轉變〔註46〕，高金玉的〈中國古代「蓮華化生」形象與世俗化觀念的變遷〉〔註47〕則更進一步的關注到化生童子中的蓮花化生圖像，是如何逐漸走向世俗化的轉變原因。從這些研究歸納出佛教信仰中的化生童子與後世風俗化蓮花童子，似有莫大的關聯。

五、風俗物「磨喝樂」源流及運用發展之研究

童子圖樣到了宋代，則出現了重要的風俗物：磨喝樂，是一種集合了嬰戲圖樣與風俗信仰儀式的物件，因其梵文音譯關係，而有著多種不同名稱。相關的研究則包含有：揚之水的〈摩睺羅與化生〉〔註48〕、瀧本弘之的〈「磨

37～83。陳俊吉，〈唐五代善財童子入法界品圖像探究〉，《書畫藝術學刊》，20（新北市，2016），頁33～56。

〔註44〕林美容、劉家宏，〈太子爺與囝仔公——台灣囝仔神之研究〉，《新世紀宗教研究》15：4（新北市，2017），頁87～110。

〔註45〕楊雄，〈莫高窟壁畫中的化生童子〉，《敦煌研究》，3（甘肅，1988），頁81～89。

〔註46〕相關文章見：陳俊吉，〈北朝至唐代化生童子的類型探究〉，《書畫藝術學刊》，15（新北市，2013），頁177～251。陳俊吉，〈唐代蓮花童子圖在聖與俗的世界：化生童子在佛教繪畫與世俗嬰戲圖的轉換〉，《藝術學》，29（臺北市，2014），頁7～135。

〔註47〕高金玉，〈中國古代「蓮華化生」形象與世俗化觀念的變遷〉，《美術觀察》，10（北京，2018），頁120～124。

〔註48〕揚之水，〈摩睺羅與化生〉，《文物天地》，2（北京，2002），頁57～59。

喝楽研究」覚え書〉〔註49〕、劉明杉的〈摩喝樂與乞子〉〔註50〕、楊琳的〈化生與摩侯羅的源流〉〔註51〕、劉峻的〈民俗文化與宗教融合之產物「磨喝樂」探討〉〔註52〕、劉道廣的〈從磨合羅的浮沉論民俗藝術的包容〉〔註53〕、孫發成的〈宋代的「磨喝樂」信仰及其形象——兼論宋孩兒枕與「磨喝樂」的淵源〉〔註54〕、張文珺的〈江南泥孩兒歷史淵源考略〉〔註55〕，以及劉莞芸的〈宋金紅綠彩「磨喝樂」瓷偶研究〉〔註56〕。這些研究以「磨喝樂」為主要對象，探討其源流脈絡，以及在民俗與藝術領域中的功能應用。可以發現其中似乎蘊含著從佛教信仰中「化生童子」，至風俗文化與藝術作品中「持蓮童子」的演變歷程。

　　而本研究的主要材料「持蓮童子像」，也有著與「磨喝樂」相似的圖像符號，透過這些研究，或可梳理其中發展脈絡之關聯性，以及判讀此類圖像所蘊含的文化意義。

六、藝術作品上的持蓮童子圖像相關研究

　　若再將童子圖像的範圍縮小至持蓮童子圖像，過去則多出現在藝術作品上，如玉雕或陶瓷器紋飾上，相關研究如：陳江透過歷史脈絡的考證與演變發展，為執蓮童子的玉雕器定名為「蓮孩玉」〔註57〕，沈麗娟的〈宋代以來

〔註49〕瀧本弘之，〈「磨喝楽研究」覚え書〉，《人形玩具研究》，14（東京，2003），頁54～68。

〔註50〕劉明杉，〈摩喝樂與乞子〉，《中華文化畫報》，2（北京，2008），頁88～91。

〔註51〕楊琳，〈化生與摩侯羅的源流〉，《中國歷史文物》，2（北京，2009），頁21～34。

〔註52〕劉峻，〈民俗文化與宗教融合之產物「磨喝樂」探討〉，《西北科技農林大學學報》，10：1（楊陵，2010），頁105～109。

〔註53〕劉道廣，〈從磨合羅的浮沉論民俗藝術的包容〉，《東南大學學報》，13：4（南京，2011），頁87～91。

〔註54〕孫發成，〈宋代的「磨喝樂」信仰及其形象——兼論宋孩兒枕與「磨喝樂」的淵源〉，《民俗研究》，1（濟南，2014），頁135～143。

〔註55〕張文珺，〈江南泥孩兒歷史淵源考略〉，《美術與設計》，4（南京，2014），頁126～129。

〔註56〕劉莞芸，〈宋金紅綠彩「磨喝樂」瓷偶研究〉，景德鎮陶瓷大學考古學碩士論文，2016年。

〔註57〕文章可見：陳江，〈中國古代執蓮童子造型玉雕的起源、定名及其發展演變〉，《中國文物世界》，151（香港，1998），頁58～65。陳江，〈蓮孩玉——試論宋代執蓮童子題材玉雕的起源和定名〉，《東南文化》，7（江蘇省南京市，2000），頁106～110。

玉雕蓮花童子佩的演變〉〔註58〕同樣也是探討玉器中的蓮花童子圖樣脈絡。
而喻明福的〈宋代的執荷童子〉〔註59〕以及趙偉的〈神聖與世俗——宋代執
蓮童子圖像研究〉〔註60〕，則更進一步的討論宋代持蓮童子圖像在聖凡之中
如何發展與運用，作為呼應本研究的主要材料，探究持蓮童子像在宗教神聖
與風俗文化中如何被具體呈現，以及探析其演變脈絡。

　　從上述各類型研究可以看出，至今對於童子信仰或圖像的探討，議題多
而廣泛，然而卻未能有從信仰文物層面探討此類圖像母題與信仰文化的關聯，
尤其台灣民間信仰中的童子圖像與信仰更為缺乏，因此本文將透過上述研究
成果作為基礎，以艋舺龍山寺的持蓮童子為例，探討童子圖像的信仰面、文
物面、歷史面、文化面的共時性與歷時性之發展與轉變。

第四節　研究方法與論文架構

　　本文所探討的將是從文物出發，以圖像形制為研究切入角度，並透過同
類型文物之風格比較，探討其中的歷史脈絡與信仰文化，因此，將運用以下
研究方法進行探究：

一、文物檢視與分析

　　文物的研究其實在近年來成為歷史研究的重要一支，文物不僅僅只是一
個實體物件，當中的形制、材質、風格，甚至安置空間，都蘊含著各種訊息在
其中，反映了當代社會與政治等各種現象。透過調查找出文物當中，可以佐
證歷史、社會、藝術等各個領域的線索證據，並與歷史資料互相呼應，使得
歷史研究得以獲得更豐富的證據。

　　文物為本文研究之核心，因此根據文化部文化資產局所訂定的「文物普
查」流程，針對艋舺龍山寺所供奉的持蓮童子像，進行文物拍攝、丈量、風格
分析、材質分析、工藝分析、科學檢測等調查項目。並將之與文獻、口述訪談
等資料進行綜合比對研究，耙梳此尊造像與年代的脈絡與關聯，從中分析此

〔註58〕沈麗娟，〈宋代以來玉雕蓮花童子佩的演變〉，《東方收藏》，3（石獅，2015），
　　　　頁23～30。

〔註59〕喻明福，〈宋代的執荷童子〉，《陶瓷學報》，33：3（景德鎮，2012），頁391～
　　　　395。

〔註60〕趙偉，〈神聖與世俗——宋代執蓮童子圖像研究〉，《藝術設計研究》，33：1（北
　　　　京，2015），頁20～25。

造像所呈現出的形制細節，進而探究其可能之圖像源流與信仰功能。

二、田野調查

　　在過去的既定印象觀念中，歷史研究以案頭工作為主，田野調查為輔，以案頭工作確定方向與目標後，用田野調查彌補研究資訊的不足，這兩項都是歷史研究的方法之一。然而，田野工作所累積的資訊與材料，以及所呈現之重要性，在於建立了研究的紮實基礎，不再只有紙上作業，而是親身經歷體驗的去感受前人走過的足跡與留下的紀錄，並為研究材料尋找更多的訊息，在歷史研究工作當中具有重要的不可或缺性。

　　而本研究所探討的台灣民間信仰中童子圖像之課題，在其文化脈絡與運用領域當中，也蘊含著歷史研究的意味。其所呈現的各類形態與功能，在台灣民間信仰當中隨處可見。劉還月認為，這類型田野材料，透過田野報告或是論文研究，是為最嚴謹之呈現。〔註61〕而本研究也將在這樣的基礎觀念中，透過實際走訪各地有供奉或收藏童子像之廟宇、場所、匠師，以廣收童子圖像之素材與訊息，用以和艋舺龍山寺持蓮童子進行圖像和信仰功能之比較。同時在這些田野材料中，發掘相關的歷史脈絡、文化意涵與圖像符號，作為文物分析的重要佐證。

　　目前所設定之範圍以台灣民間信仰之空間為主，並輔以博物館或是民間收藏，大致將之就功能分為祭祀與非祭祀兩大類進行實際田野調查，當中又以其形態與功能細分。預計將從這些田野調查素材中，進行台灣民間信仰空間中的童子圖像與功能分析。

三、文獻分析

　　文獻記載將歷史收錄於書冊之間，不同的理解角度與記錄方式，呈現出歷史的各個不同面貌，並提供了文化研究者極重要的資料來源與研究養分，〔註62〕以作為事前研究方向擬定，與執行過程中的佐證比對。

　　本研究之主要材料與其信仰供奉空間所跨越的年代，至少有上百年，文物圖像母題的年代更可上溯至千年以前。同時，文物所在地的地方開發史更是重要的史料背景。當中所蘊含的訊息，都將透過歷史文獻的整理分析進行

〔註61〕劉還月，《田野工作實務手冊》（臺北市：常民文化，1996），頁31～32。
〔註62〕劉還月，《田野工作實務手冊》，頁34～35。

當中脈絡及演變的推論。

　　透過佛經、古文獻、古文書等相關文獻資料，進行如「童子」、「蓮花型化生童子」等圖像母題的詮釋與紀錄，以及艋舺龍山寺的資料彙整與分析。並以如寺廟台帳、日治時期報紙或老照片等資料，比對寺內文物之保存狀況及年代，作為掌握時代背景資訊的重要來源。

四、口述訪談

　　口述歷史為的是要能夠深入研究歷史背景與事件，但歷史不僅僅只是事件，更與人有著千絲萬縷的關係。透過口述訪談，了解在歷史或地域環境中，屬於「人」的這個區塊，以其記憶、經驗、傳承等層面，更全面的掌握與物和時代社會相關的重要訊息。

　　藉由口述訪談這種對歷史研究具有重要影響的研究方法，廣泛地蒐集各類個人記憶與具有歷史意義的觀點，藉由各類不同的角度拼湊著解答謎題，〔註63〕使得文化與歷史研究過程中，或得更多的材料加以比對、佐證或反駁。

　　因此本研究將透過採訪耆老、匠師、廟務執事、文史工作者、信徒等，採集其記憶、經驗與信仰觀念。並和歷史文獻相互印證，藉此蒐集並了解龍山寺與持蓮童子像的時代背景與信仰功能。同時也能廣泛的了解在台灣民間信仰文化當中，對於各類型的童子圖像之功能定義與形塑緣由，作為比較參考之佐證資料。

五、圖像學、符號學與語意學理論分析

　　文物可分為形式與意義，風格分析是討論文物的形式問題，而圖像研究則是探尋文物的主題與內在意涵的人文意義。就其內容層面，根據西方圖像學家潘諾夫斯基的理論，圖像意義可分成三層：(1) 最初的或是自然的涵意：圖像前的描述（pre-iconographical description）；(2) 第二層或傳統涵意：圖像分析（iconographical analysis）；(3) 內在的涵意或內容：圖像詮釋（iconological interpretation）。〔註64〕

〔註63〕Donald A. Ritchie 著；王芝芝譯，《大家來做口述歷史》（臺北市：遠流，1997），頁 52～60。

〔註64〕潘諾夫斯基著，李元春譯，《圖像研究與圖像學，造型藝術的意義》（台北：遠流出版社，1996），頁 33～38。

　　透過圖像研究的方式，探討物件作品的主題以及內在含意，所謂的內在含意，是將時代、社會、宗教、哲學等意義，濃縮於一件藝術品當中，經由「構成方法」（compositional methods）和「圖像意義」（iconographical significance）加以呈現與證實。〔註65〕

　　此外，透過研究符號本質、符號發展規律、符號意義等的符號學理論，探索一個信仰文化當中由符號組成的結構，分析其中的「功能層」、「行動層」與「敘述層」，〔註66〕以符號所表徵與蘊含的不同角度，理解文化的流傳與演變。

　　而「童子」這樣一種圖像，不僅僅是有其歷史發展與文化意義的符號結構，更是語言表達與意念溝通的符號，也是一種溝通的形式，藉由圖像傳遞其形式當中的意義。而當中的意義結構功能與傳遞溝通方式，則透過語意學（semantics）探究童子圖像是如何經由語言組織以表達其意義。〔註67〕

　　本文將以此研究方法，分析台灣民間信仰中所呈現的各種童子圖像與其符號意義。並從不同形制、元素中探討田調材料的歷史背景，以及當中所蘊含的多層次象徵，梳理此類型圖像的信仰功能與圖像意義的關聯性，從中探究「童子」這種圖像符號其承載之意義內涵。

六、神話學與結構主義之理論運用剖析

　　本研究之標的為台灣民間信仰中的圖像運用，而神話傳說往往對於圖像的成形與發展脈絡，有著莫大的影響。在西方研究方法當中，從符號學的基礎發展出了所謂的「神話學」，這是一種透過語言而建立起一套意義與符號的理論。「神話學」裡運用了「符號學」的「能指」、「所指」、「符號」，將圖像或語言，轉變為「純粹的意指」功能。〔註68〕並且將形式與概念相互連結，呈現出經過變形的獨特文化意涵。〔註69〕

　　套用在本研究所蒐集之田野材料上，以「神話學」剖析民間信仰當中的「童子」圖像，如何將神話傳說運用到圖像當中，形成圖像獨特的符號。並

〔註65〕潘諾夫斯基著，李元春譯，《圖像研究與圖像學，造型藝術的意義》，頁35。
〔註66〕Roland Barthers 著；洪顯勝譯，《符號學要義》（台北市：南方叢書，1988），頁4～7。
〔註67〕賴惠玲，《語意學》（臺北市：五南，2017），頁2～5。
〔註68〕Roland Barthers 著；江灝譯；許綺玲編定、導讀，《神話學》（臺北市：麥田，城邦文化，2019），頁174～175。
〔註69〕Roland Barthers 著；江灝譯；許綺玲編定、導讀，《神話學》，頁182。

且影響了圖像的形制，甚至是其信仰功能，成為童子圖像的各類意涵符號，並從中分析出相關文化背景與歷史脈絡。

另一方面，也借由「結構主義」理論的運用，梳理出台灣民間信仰中，影響各種童子圖像成形的神話傳說相似處，以及所造成的符號異同，藉此試著理解當中的文化詮釋與信仰功能關聯性。

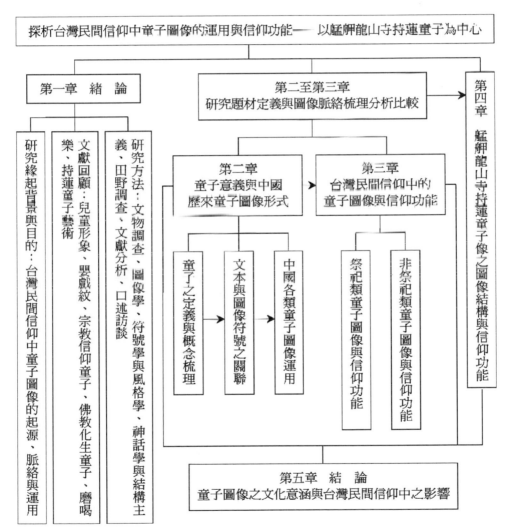

論文架構圖（製圖：陳遵旭）

本研究論文共分為五章，除第一章緒論與第五章結論外，中間三章為由觀念建立至圖像形成，以及研究視野由大至小的研究程序。

第二章先釐清所謂「童」之定義，並透過文本的分析，探索童子的定義

如何造成觀念上的形塑與影響，以及中國傳統文化中，各領域所呈現的童子圖像。在孩童既定印象的基礎上，跨越了文本文字的描述，具體呈現出各類型的圖像運用。屬於大範圍的框架界定，與縱向歷時性的脈絡釐清。

第三章則將範圍縮小，視野放回受到傳統中國文化影響的台灣民間信仰領域當中，以祭祀類與非祭祀類兩大類別的童子圖像為主要目標，蒐集田野調查材料並進行分析。屬於橫向共時性的探討比較。

第四章再將視野集中至台灣民間信仰中，屬於民間佛教的艋舺龍山寺其中所供奉之持蓮童子像。以此形制特殊之造像作為研究中心，與前兩章進行縱向分析與橫向比較。進而梳理此尊造像之形制與信仰，置於台灣民間信仰中的所具有的特殊性與文化價值。

最後第五章為結論，綜合之前各章的探討論述，探討童子圖像的文化意涵，並以台灣民間信仰中的童子圖像所受到之影響與發展脈絡作為總結。

而本研究當中所有蒐集之田野材料以及文獻相關附圖，為避免版面視覺雜亂，因此相關圖版來源將統一於附錄之圖列表中呈現與說明。

第二章　童子意義與中國歷來童子
圖像形式

第一節　「童」之定義

　　在談論「兒童」的圖像與信仰功能之前，了解「兒童」在人類脈絡中的定義與象徵是有其必要性的。「兒童」這個名詞，指的是人類生命歷程中的其中一個，也是最初端的那個階段。而這個階段也有著許多的同意字，如：「幼」、「兒」、「童」、「子」等，東漢許慎的《說文解字》當中，即針對各字有著詳盡的定義：

　　　　幼：少也〔註1〕……兒：孺子也。从儿，象小兒頭囟未合〔註2〕……

　　　　童：男有辠曰奴，奴曰童，女曰妾〔註3〕……子：十一月，昜气動，

　　　　萬物滋，人以為偁。象形。〔註4〕

從這些論述來看，給予了這個屬於「人之初」階段一種年幼的定義。同時以象形文字的象徵，如幼兒頭頂囟門未閉、人首與手足之形等，加強了小兒的外觀印象，並以陽氣生機的描述，借代了新生命的開端。另外也有著此形容為附屬於成人的意涵在其中。

〔註1〕〔東漢〕許慎著；〔清〕段玉裁注，《圈點說文解字》（臺北市：萬卷樓，2002），頁160。

〔註2〕〔東漢〕許慎著；〔清〕段玉裁注，《圈點說文解字》，頁409。

〔註3〕〔東漢〕許慎著；〔清〕段玉裁注，《圈點說文解字》，頁103。

〔註4〕〔東漢〕許慎著；〔清〕段玉裁注，《圈點說文解字》，頁749。

　　對於這個「兒童」這個階段的定義，更加明確的是從生理層面的年齡區分，也就是從出生甫至特定的年齡。如台灣《兒童及少年福利與權益保障法》中明文訂定兒童年齡為未滿 12 歲之人，少年則是 12 歲以上未滿 18 歲。〔註5〕而這特定的年齡，因各地文化差異與時代觀念演變而有所不同，如在西方中世紀文獻中，將出生至 7 歲定為「童年期」，亦有 14 世紀文學作品指稱「孩童」為最初的 6 年，另在 16 世紀對於兒童的稱謂則可到 18 歲甚至 24 歲。〔註6〕

　　而在東方對於「童」的年齡界定，則可從多個年代的文獻記述中窺知一二。東漢鄭玄為《儀禮・喪服》中提到的「童子」注解為：「童子，未冠之稱」〔註7〕，所謂的「未冠」，依《禮記・曲禮上》的：「男子二十，冠而字」〔註8〕，也就是未滿二十歲定義為「童子」。另在《漢書・藝文志》中稱漢代初時擬定有以童子可讀書者，薦舉為官的概念。〔註9〕在這樣的基礎概念上，《文獻通考・選舉考・童科》記述道東漢年間的幾位因此授為「童子郎」之年幼才俊者：

> 汝南謝廉、河南趙建章年始十二，各能通經，雄並奏童子郎……臧
> 洪年十五，以父功拜童子郎，知名太學……任延年十二，為諸生，
> 顯名太學中，號為：「任聖童」……張堪年十六，受業長安，志美行
> 屬，諸儒號曰：「聖童」……杜安年十三，入太學，號「奇童」……
> 黃香年十二，博學經典，京師號曰：「天下無雙，江夏黃童」〔註10〕

可見當時至少仍將 16 歲以下之年紀視為「兒童」。唐代時則設有「童子科」，以 10 歲以下兒童能精通經典者授予官職，〔註11〕也提到了 10 歲這個兒童

〔註 5〕《兒童及少年福利與權益保障法》第一章第二條。

〔註 6〕Philippe Ariès 著；沈堅、朱曉罕譯，《兒童的世紀：舊制度下的兒童和家庭生活》，頁 32～39。

〔註 7〕《儀禮・喪服》，卷三十四。收錄於〔清〕江西南昌府學開雕，《十三經注疏》（臺北市：藝文，2003），重栞宋本，第四冊，頁 399。

〔註 8〕《禮記・曲禮上》，卷二。收錄於《十三經注疏》，第五冊，頁 39。

〔註 9〕《漢書・藝文志》：「漢興，蕭何草律，亦著其法，曰：『太史試學童，能諷書九千字以上，乃得為史。又以六體試之，課最者以為尚書御史史書令史。』」參見〔漢〕班固著；〔唐〕顏師古注《漢書》（北京：中華書局，1962），第六冊，頁 1720～1721。

〔註10〕〈選舉考・童科〉，卷第三十五。見〔元〕馬端臨撰，《文獻通考》（臺北市：新興書局，1958），頁考 329。

〔註11〕〈選舉志上・志第三十四〉，卷四十四。見楊家駱主編，《新校本新唐書附索引》（臺北市：鼎文，1978），第二冊，頁 1162。

年紀。

　　就東西方對於「兒童」或「童子」的年齡界定來看，可以推知早期對於孩童年齡上的定義，是從出生至近 20 多歲左右。這樣的年齡區間，一來模糊了兒童與成人的界線，皆以「人」的意義存在著，僅是年齡的差異。另一方面，也隱隱有著尚未完全獨立，仍需受照顧或依附於擁有權、力之人的代表，而這也是「兒童」一直以來由成人所形塑出來的印象。在成人的眼中，孩童從來就不是獨立的存在，無論是從年齡、思想、外型等層面，都看似一種附屬於成人的相對定義，彷彿在其脫離了受保護照顧的程度後，才能看作是一個獨立的個體。而這樣的印象，連帶著影響了「兒童」在各個領域所呈現的樣貌與形式，讓兒童成為了一種附屬、陪襯的裝飾性角色。

　　依據語言哲學家弗列格（Gottlob Frege）所提出的專名理論（propername），即為「專有名詞」，分作兩個面向：一個是指涉（reference）面向，另一個是意涵（sense）面向；也就是指涉某專屬事物，以及該名稱所衍伸出的意涵，〔註12〕「兒童」這一個名詞，同樣可套用這一理論分析出其指涉與意涵兩層面向。

　　而在這樣理論的基礎上，筆者認為「兒童」的指涉與意涵面向，主要源於其外觀形象，透過其外觀給予人的既定印象，產生出了各式圖像符號，筆者姑且將之分為「原生表徵」與「延伸象徵」兩大類。「原生表徵」有如可愛、嬌小、活潑、好動、圓潤、兒童髮型等孩童的型態，這是最直接看到的兒童形象。這形象在各種以「兒童」為題的圖像呈現上比比皆是，可以看到如在衣著扮相上，東方有著肚兜、桼腳褲或開襠褲等方便活動的衣著樣式；西方也有裸著身軀或纏布的形式，以表現嬰孩剛出生較少衣著的型態，樣貌上則有圓潤、白胖、動態、雙丫髻、垂髫、沖天辮等形象。而「延伸象徵」則從以兒童其新生、活力、好奇、善良、純潔、樂觀等特色作為基礎，而延伸出來的象徵。如西方的邱比特或天使，是傳世印象最為深刻的兒童形象代表之一；而東方的「嬰戲圖」等藝術題材，也將兒童這樣的象徵具體化的呈現。這兩大類外觀形象，代表了自古以來對於「兒童」的既定印象，這當中蘊含了兒童富含生命力、活力、天真、誕生的喜悅等象徵，也成為了「兒童」的基本裝扮與印象。以此為基礎，再加上不同的功能需求、藝術表現、地方文化等差異性，讓「兒童」的圖像呈現在相似特徵之中，又有著千變萬化的

〔註12〕劉福增，《語言哲學》（台北市：東大，1981），頁 3～7。

發展。

其實在這些「兒童」的形象特徵中，可以看出兒童所呈現出來的意義，與其表徵有著莫大的關聯性，甚至這些屬於「兒童」的特徵，也被作為符號表現與象徵意義的連結，用於各種領域的呈現上。明代思想家李贄（1585）所提出的〈童心說〉，當中提到：

> 夫童心者，真心也；若以童心為不可，是以真心為不可也。夫童心者，絕假純真，最初一念之本心也。若夫失卻童心，便失卻真心；失卻真心，便失卻真人。人而非真，全不復有初矣。童子者，人之初也；童心者，心之初也。〔註13〕

即是在以孩童內心的真誠為本，強調其真心的特質，並將之運用在文學觀念上，坦率地表達出寫作時的真實情感。〔註14〕這樣的一種觀念，便是將兒童純真的特質，與真誠的內心相互連結，有著反璞歸真的期許。而兒童的象徵意義，也能夠由此看出受到各種不同領域的運用與借代。

第二節　文本中的童子描述與其符號象徵

文化是一種具有深度意識的人類行為產物，一個文化不僅僅是表面所看到的現象，還有使其產生的內部各層次的結構，以及使其產生的媒介。如何理解一個文化，需要的是能夠從其表徵中，深刻探索當中的意涵，同時在表徵的描繪中，試著去理解反映於表面中的深層行為。透過這樣深描與闡釋的方法，才能夠透徹的去研究一種文化。

圖像即是文化所呈現的一種媒介與表徵，以符號學的角度來說，透過圖像符號的能指，反映出一個文化意涵的所指。每一個圖像符號成形的結構當中，文本有著相當重要的影響地位，圖像透過將文本的描述，轉化為視覺的符號與呈現，尤其如神話或宗教人物這類有著文字或語言記述傳播的題材，確保觀賞者能夠明確接收到圖像中所要傳達的人物或故事，這過程蘊含著闡釋圖像的功能，可以說文本與圖像兩者之間有著密不可分的關聯性。

〔註13〕〔明〕李贄著；張建業主編，《李贄文集　第1卷　焚書》（北京市：社會科學文獻出版社，2000），頁92。

〔註14〕黃拔荊，《試論李贄的文學思想》。參見許在全、張建業主編，《李贄研究》（北京：光明日報出版社，1989），頁230～232。

一、道教信仰文本中的「童子」

　　「童子」這個母題在中國文化當中有著多元的運用，在不同領域的文本當中，都可看到對於「童子」形象的詮釋與定義。在中國傳統宗教的道教信仰儀軌當中，有許多直接以童子命名之法咒與道經，如：唐代〈童子籙〉〔註15〕、唐宋年間〈太上洞玄靈寶護諸童子經〉〔註16〕、明代〈太上正一童子將軍護身秘籙〉〔註17〕等。而這當中的「童子」，約可分為四類不同類型的呈現面貌。

　　第一類「泛指孩童」，也就是直接以「童」稱小孩，如元代〈玄天上帝啟聖錄　卷七〉中指稱道童，〔註18〕也就是皈依道門的孩童；另有明代〈太上正一童子將軍護身秘籙〉稱：「此籙安身保命，剪祟除邪，翊護孩童，開通智慧」〔註19〕，亦已「童子」稱孩童。

　　第二類則是「借代對象」，就是以「童子」指稱別的事物，但不一定與孩童有關，如北宋〈雲笈七籤　卷十一〉提到：「神蓋童子生紫煙」，注曰：「神蓋謂眉也。童子，目神也」〔註20〕。另同卷中亦有：「視聽幽冥候童子」，其註稱：「童子，心神，赤城中者。元陽子曰：關離下而存童子，童子是目童也」〔註21〕。而〈雲笈七籤　卷八十一〉的「論庚申存童子去玄靈訣」中提到：「《穎陽經》曰：童子者，心神也，眾神之主」〔註22〕。此類「童子」之稱，非指人類孩童，而是借代其他事物，多為眼神或內心，此與孩童的形象無直接關聯性。

　　第三類則是「特定對象」，這類所稱「童子」，多是有指名道姓，或是明確職掌之特定對象，如北宋〈無上九霄玉清大梵紫微玄都雷霆玉經〉中的紫光童子、玉光童子、掌籙童子、捧見童子、雷光玉女童子、雷師童子、雹師童

〔註15〕〈雲笈七籤〉，卷一一九。張繼禹主編，《中華道藏》，第二十九冊，頁936。
〔註16〕〈太上洞玄靈寶護諸童子經〉。張繼禹主編，《中華道藏》，第四冊，頁288。
〔註17〕〈天皇至道太清玉冊〉，上卷。張繼禹主編，《中華道藏》（北京：華夏出版社，2004），頁683。
〔註18〕〈玄天上帝啟聖錄〉，卷七，記錄了「小童應夢」的顯聖事蹟，即有「文懿皇后玉華宮應夢，見髽頭小童，身披皂袍，來見皇后云：我是越州龍瑞宮道童……」的記述。參見張繼禹主編，《中華道藏》，第三十冊，頁683。
〔註19〕〈天皇至道太清玉冊〉，上卷。張繼禹主編，《中華道藏》，第二十八冊，頁683。
〔註20〕〈雲笈七籤〉，卷十一。張繼禹主編，《中華道藏》，第二十九冊，頁99。
〔註21〕〈雲笈七籤〉，卷十二。張繼禹主編，《中華道藏》，第二十九冊，頁120。
〔註22〕〈雲笈七籤〉，卷八十一。張繼禹主編，《中華道藏》，第二十九冊，頁664。

子、執幢童子等。〔註23〕或是明代〈道法會元 卷一五五〉的「混元六天如意大法」中記述十大功曹眾將，其中有：捉鬼童子何鼎、縛鬼童子何燾、枷鬼童子何清、拷鬼童子何淵、掌劍印童子朱士登等。〔註24〕此類童子從其姓名或指稱來看，不一定是孩童，亦有成人而授童子稱號，因此可將此類童子理解為道教信仰中的階層或職位之一。

第四類則是「形象形容」，道教信仰中對於「孩童」，有著對其精神形象的定義，南北朝〈太上洞玄靈寶三元玉京玄都大獻經〉的注中，提到：「童子者，內無嗜慾，外絕營求，至性不虧，湛然凝寂」〔註25〕，這將孩童的純真無欲無求的精神形象，借代到信仰修行當中。另道經中也有許多養生修行法門或藥方，記述依法修行服用可得神妙功效，如唐代〈三洞珠囊 卷十〉中亦有「嚥液保牙之道，中央黃老君、太極真人常所修學，色如童子，膚如玉澤，體充氣盈，髮白反黑……」〔註26〕。以及北宋〈雲笈七籤 卷七七〉中的「南嶽真人鄭披雲傳授五行七味丸方」，提及「服一劑，如十五童子」〔註27〕等。均將童子的外觀形象作為修行服藥的追求目標。

在道教信仰的這四類「童子」記述中，可以看出，中國傳統的道教，套用了世俗對於孩童的內外在印象與定義，將孩童的純真、色潤、性樸、從屬等特性，運用至修行目標，以及整體信仰的層級架構當中。而這樣的借代，成為了道教信仰當中看待童子的核心價值，同樣的也影響到了後世融入道教意涵的台灣民間信仰，是如何看待與形塑其中的童子形制與信仰功能。

二、佛教信仰文本中的「童子」

除了道教之外，佛教信仰也在漢人世界流傳並影響後世甚深，其中「童子」形象同樣也被多方運用在佛教信仰體系之中。在佛學大辭典中提到佛教信仰中的「童子」：

> Kumāra，梵語究摩羅，鳩摩羅迦。為八歲以上未冠者之總稱。西
> 國希出家而寄侍於比丘所者，稱曰童子，又經中稱菩薩為童子，以

〔註23〕〈無上九霄玉清大梵紫微玄都雷霆玉經〉。張繼禹主編，《中華道藏》，第三十一冊，頁 294。
〔註24〕〈道法會元〉，卷一五五。張繼禹主編，《中華道藏》，第三十七冊，頁 399。
〔註25〕〈太上洞玄靈寶三元玉京玄都大獻經〉。張繼禹主編，《中華道藏》，第四冊，頁 169。
〔註26〕〈三洞珠囊〉，卷十。張繼禹主編，《中華道藏》，第二十八冊，頁 479。
〔註27〕〈雲笈七籤〉，卷七七。張繼禹主編，《中華道藏》，第二十九冊，頁 628。

菩薩是如來之王子故也。又取無婬欲
念，如世童子之意。〔註28〕

這當中可以看到，佛教信仰對於「童子」的
描述，除了以年齡區分之外，另也加上了特
定對象的借代，以及純真無邪的象徵。並從
中看出，童子在佛教信仰中，有著兩種意涵，
一種為俗世所認知的孩童，有著新生與純潔
無欲、清淨無垢的象徵；另外一種則為菩薩
的另稱，除認為菩薩如王太子要繼承王位一
般為候補佛之外，亦有象徵菩薩持清淨戒，
如同孩童清淨純真。〔註29〕此類在如《藥師
琉璃光如來本願功德經》，以及《佛說藥師如
來本願經》等經文中，多次可見「曼殊室利
童子」之稱號，〔註30〕也就是文殊菩薩以童

圖2：遼代五髻
文殊童子鎏金青銅像

子稱，是將童子作為文殊菩薩的常態化身，作為順應眾生機緣度化之相，由
此常有文殊菩薩以童子形象流傳後世（圖2）。以此為根源，佛教經典與圖像
當中，時常出現童子之形象，多半以童子的美好天性：純潔、天真、熱情、和
樂等作為基礎，加上佛教信仰文化中嚮往的修行境界，成為了佛教文化中對
於童子的基本概念。

　　在這樣的概念上，佛教信仰中出現了許多的童子圖像與相關聯之符號，
當中最根本也最著名的童子像，應屬佛陀誕生之相。唐代《大唐西域記》提
到：「而自言曰。天上，天下唯我獨尊。今茲而往，生分已盡。隨足所踏，出
大蓮花。二龍踴出，住虛空中，而各吐水。一冷一暖，以浴太子。」〔註31〕
之後後漢《修行本起經》以此為本，更明確地描述了佛陀出生之景：「夫人攀
樹枝，便從右脅生墮地，行七步，舉手而言，天上天下，唯我為尊，三界皆
苦，吾當安之。」〔註32〕佛陀出世之形象隨而以此傳於後世。因出世之時當
為童子，並腳踩蓮花，舉手指天（圖3），因此，佛誕生像以文本為根據，有

〔註28〕丁福保編，《佛學大辭典》（臺北市：新文豐，1992），頁 2121～2122。
〔註29〕馬書田，《中國佛菩薩羅漢大典》（台北市：國家，2007），頁 122。
〔註30〕CBETA, T0449, No. 449, P. 401、T0450, No. 450, P. 404。
〔註31〕陳飛、凡評注譯，《新譯大唐西域記》（臺北市：三民，2003），卷六，頁 290。
〔註32〕CBETA, T0184, No. 184, P. 463。

著童子立身、雙手指天地、龍吐水（圖4），甚至亦有夫人脅下生子（圖5）
等辨識性符號，也成為了佛教信仰中地位最為崇高的童子像。

| 圖3：
明代銅鎏金誕生佛 | 圖4：唐代佛傳圖殘片
——九龍灌水 | 圖5：
摩耶夫人脅下生子像 |

三、台灣民間信仰常見童子之文本描述

（一）文本中的善財童子

　　除了傳統佛道二教對於童子的描述之外，台灣的民間信仰有著承襲佛道
二教信仰脈絡發展的特性。以此二教文化為基礎，融合延伸出了許多童子形
象，這些圖像成形亦有著其文本脈絡之依據。前述提到，童子為佛教信仰文
化中特殊的存在，而在台灣民間信仰中承襲佛教文化的常見童子即為「善財
童子」。根據陳俊吉的研究，佛教中的「善財童子」文本母題，可分為「本生
故事」與《華嚴經》〈入法界品〉中的「善財童子五十三參」，「本生故事」中
的「善財童子」主要流傳於南傳佛教地區，以說唱文學表現，而「善財童子五
十三參」則留行於漢傳佛教地區，以造像藝術表現。〔註33〕筆者也透過田野
調查發現，後者也因信仰流傳關係，在信仰文化與圖像符號上，深刻的影響
著台灣的民間信仰中，善財童子圖像的呈現與信仰功能。

　　「善財童子」是佛教中的特定指稱，古佛教中即有相關記載，梵名為
Sudhanakumâra，簡稱為 Sudhana，漢譯佛經多簡稱「善財」，亦有稱作「善

〔註33〕陳俊吉，〈本生故事的善財童子對於亞洲文藝影響之初探：兼談中國此類造像
　　　　藝術未發展之成因〉，《書畫藝術學刊》，13（新北市，2012），頁261～262。

才」〔註34〕。根據唐代《華嚴經》〈入法界品〉的「善財童子五十三參」中，對於「善財童子」的描述：

> 知此童子初入胎時，於其宅內自然而出七寶樓閣，其樓閣下有七伏藏，於其藏上，地自開裂，生七寶芽，所謂：金、銀、瑠璃、玻璨、真珠、硨磲、碼磁……其七大藏，縱廣高下各滿七肘，從地涌出，光明照耀。復於宅中自然而有五百寶器，種種諸物自然盈滿……如是等五百寶器，自然出現。又雨眾寶及諸財物，一切庫藏悉令充滿。〔註35〕

這一段描述，不僅說明了「善財」之名，也影響了後世將「善財童子」視有善於理財招財的信仰功能。〔註36〕另一方面，「善財童子五十三參圖」主要描述善財童子參訪眾善知識以為求法，後終證得圓滿入法界的過程，因此善財童了是具有無上善德與成就「菩薩行願」之大士，再加之〈入法界品〉中善財童子與文殊、觀音等菩薩求教的關係，善財童子多為菩薩之眷屬或挾祀。其服裝造型亦常呈現出天衣飄帶、頭光、珠寶瓔珞、跣足、合十參拜等天人菩薩與富貴樣貌（圖6），並流傳影響小說戲文或造像藝術至今。

圖6：北京法海寺大雄寶殿「善財童子」壁畫

而佛教信仰當中，除了有明確對象的佛陀誕生像與善財童子外，另有類型廣泛，並影響流傳深遠的「化生童子」。「化生」為佛教用語，有別於一般所之的胎、卵、濕生等有所依託的生命誕生形式，「化生」則是無所託而忽有，也就是生命突然出現的樣態。在佛經《俱舍論》中闡釋：「化生者染處故生，謂遠觀知當所生處，便生愛染往彼受生，隨業所應處有淨穢。」〔註37〕這樣的概念，

〔註34〕陳俊吉，〈中國善財童子的「五十三參」語彙與圖像考〉，《書畫藝術學刊》，12（新北市，2012），頁358～359。

〔註35〕楊維中注譯，《新譯華嚴經入法界品》（台北市：三民，2004），上冊，頁119。

〔註36〕馬書田，《中國佛菩薩羅漢大典》（台北市：國家，2007），頁124。

〔註37〕〔唐〕釋玄奘譯。《阿毘達磨俱舍論》卷九，收錄《大正新脩大藏經》，第29冊，頁47。

呈現出「化生」的無根無形、頓生頓滅。而在佛經或佛教圖像當中，除了有化生之佛菩薩外，〔註38〕因屬於生命誕生的形式之一，因此更常見到「化生」以各種載體呈現童子之像，當中最常見的化生載體即為蓮花。蓮不僅有「出淤泥而不染」的淨潔含意，佛教信仰中，蓮花亦有脫塵再生、渡化彼岸的美好世界象徵，《華嚴經》中即有「蓮花藏」世界的描述，〔註39〕《佛說無量壽經》則云：「清白之法具足圓滿……。猶如蓮華，於諸世間無染污故。」〔註40〕《大寶積經》中亦有：「云何不處胎，化生蓮花中。」〔註41〕的記述，再加上前述「化生」不受世間有情而生的忽有型態，使得「蓮花化生童子」以蓮花繁榮、豐饒、潔淨的符號象徵，和童子的新生意涵，代表著新生命的潔淨，成為了常見的化生童子圖像。這樣的蓮化生童子像，有著兩種特點，一為坐、跪、站、蹲於蓮花之上，二為手持蓮花或蓮蕾之供奉像，此兩類特點持續流傳發展於後世，並逐步加入孩童嬉戲之元素在其中。因化生童子本就具有新生轉化之意涵，也逐漸被俗化有著「多子多孫」的吉端祥瑞象徵，並廣泛影響著後世流傳之習俗與物件圖像。〔註42〕

（二）文本中的哪吒三太子

另台灣民間信仰中最為著名與廣泛流傳的童子形象，莫過於融合了佛道二教信仰的哪吒三太子。哪吒本屬於佛教信仰的神譜系統，原為佛教中毘沙門天王五太子之一的三太子，其原始稱號漢譯為「那羅鳩婆」，早於北涼時就傳入中國，而哪吒之名出現則是唐密經典大量翻譯盛行後之事。〔註43〕據唐代佛經所記，「哪吒」二字初見於漢人世界，為藥叉大將、鬼神王等護法

〔註38〕《佛說觀彌勒菩薩上生兜率天經》中提到：「未來佛彌勒菩薩於兜率天宮寶座中忽然化生」，見《大正新脩大藏經，第14冊，頁418中、420下；另《佛說無量壽經》中亦記述：「一名觀世音，二名大勢至。是二菩薩於此國土修菩薩行，命終轉化生彼佛國。」，見《大正新脩大藏經》第12冊，頁273中。

〔註39〕張鵬飛，〈論「荷花情結」對中國佛教文化的審美觀照〉，《中南民族大學學報》，29：5（武漢，2009），頁73。

〔註40〕CBETA, T0360, No. 184, P. 274。

〔註41〕〔西晉〕聶道真譯，《大寶積經》，卷一百，收錄《大正新脩大藏經》，第11冊，頁560中。

〔註42〕陳俊吉，〈北朝至唐代化生童子的類型探究〉，《書畫藝術學刊》，15（新北市，2013），頁185～187。

〔註43〕陳清香，〈哪吒圖像源流考〉，國立中山大學清代學術研究中心、新營太子宮管理委員會主編，《第一屆哪吒學術研討會論文集》（高雄：國立中山大學文學院清代學術研究中心，2003），頁93。

神身分。〔註44〕至〔唐〕不空所譯各式佛經中，逐漸將哪吒形塑為唐代護國軍神毘沙門天王之子（或孫），〔註45〕隨著天王一同護佑大唐，也因此哪吒開始有了太子之號，至北宋時開始有禪宗經典流傳哪吒「析骨還父、析肉還母」之說。〔註46〕另外型上，宋代哪吒也轉型為三頭六臂或三頭八臂，《大正藏》收錄有多篇哪吒頭臂之描述，如「忽若忿怒哪吒，現三頭六臂」〔註47〕以及「哪吒八臂空惆悵，夜半三更白晝行」〔註48〕等。之後，道教亦開始有關於哪吒驅精滅邪的術法出現，如有道士持誦《持哪吒火逑咒》以現火逑擊退石精之記述、〔註49〕道經《太上三洞神呪》中的「靈官性急，威勝那吒，三頭九目，變現通靈。」〔註50〕、道經《道法會元》中「靈官性急，威烈那吒，三頭九目，飛石揚沙。」〔註51〕，哪吒逐漸被吸收為道教神祇。順著這樣的脈絡，《三教源流搜神大全》中的「那吒太子」融合了上述描繪（圖7）：

〔註44〕〔唐〕菩提流志譯《不空羂索神變真言經》有「哪吒鳩鈸囉藥叉大將」；實叉難陀譯《地藏菩薩本願經》有「阿哪吒工」；金剛智譯《吽迦陀野儀軌》則有「哪吒鬼神王」之記述。參見蕭登福，〈哪吒溯源〉，國立中山大學清代學術研究中心、新營太子宮管理委員會主編，《第一屆哪吒學術研討會論文集》，頁23。

〔註45〕〔唐〕不空所譯《北方毘沙門天王隨軍護法儀軌》、《北方毘沙門天王隨軍護法真言》、《毘沙門儀軌》等經文中，開始有關於哪吒為毘沙門天王之子或孫之記述。參見蕭登福，〈哪吒溯源〉，國立中山大學清代學術研究中心、新營太子宮管理委員會主編，《第一屆哪吒學術研討會論文集》，頁25～26。

〔註46〕〔北宋〕道原《景德傳燈錄》、〔南宋〕普濟《五燈會元》等禪宗公案皆有哪吒「析骨還父、析肉還母」之描述。參見蕭登福，〈哪吒溯源〉，國立中山大學清代學術研究中心、新營太子宮管理委員會主編，《第一屆哪吒學術研討會論文集》，頁37～38。

〔註47〕〔宋〕重顯頌古、克勤評唱《佛果圜悟禪師碧巖錄》，卷九。參見《大正新脩大藏經》，四十八冊，頁212上。

〔註48〕〔宋〕文素編《如淨和尚語錄》，卷下。參見《大正新脩大藏經》，四十八冊，頁130中。

〔註49〕〔南宋〕洪邁〈程法師〉《夷堅志》，卷三十八。參見蕭登福，〈哪吒溯源〉，國立中山大學清代學術研究中心、新營太子宮管理委員會主編，《第一屆哪吒學術研討會論文集》（高雄：國立中山大學文學院清代學術研究中心，2003），頁39～40。

〔註50〕〈太上三洞神呪　總召靈官呪〉，卷八。參見張繼禹主編，《中華道藏》，第三十二冊，頁751。

〔註51〕〈道法會元　召馬耿二帥呪〉，卷一五五。參見張繼禹主編，《中華道藏》，第三十七冊，頁401。

那吒本是玉皇駕下大羅仙，身長六丈，首帶金輪，三頭九眼八臂，口吐青雲，足踏盤石，手持法律……托胎于托塔天王李靖。母素知夫人生下長子軍吒，次木吒，師三胎那吒，生五日，化身浴於東海，腳踏水晶殿，飜身直上寶塔宮，龍王以踏殿故，怒而索戰，師時七日，即能戰殺九龍……手搭如來弓箭，射死石記娘娘之子，而石記興兵，帥取父壇降魔杵西戰而戮之，父以石記為諸魔之領袖，怒其殺之以惹諸魔之兵也，帥遂割肉刻骨還父，而抱真靈求全于世尊之側，世尊亦以其能降魔故，遂逐折荷菱為

圖 7：那吒太子

骨，藕為肉，系為脛，葉為衣而生之……鎗一撥，乾旋坤轉，繡毬丟起，山崩海裂……玉帝即封為三十六員第一總領使，天帥之領袖，永鎮天門也。〔註52〕

爾後明代神魔小說《西遊記》中，以過去對於哪吒的描述作為基礎，對此角色作了簡單的描述，包含外型與所持兵器：

那哪吒奮怒，大喝一聲，叫：「變！」即變做三頭六臂，惡狠狠，手持著六般兵器，乃是斬妖劍、砍妖刀、縛妖索、降妖杵、繡毬兒、火輪兒，丫丫叉叉，撲面來打。〔註53〕

以及其「割肉剔骨」、「蓮荷托生」的生平：

這太子三朝兒就下海淨身闖禍，踏倒水晶宮，捉住蛟龍要抽觔為絛子。天王知道，恐生後患，欲殺之。哪吒奮怒，將刀在手，割肉還母，剔骨還父，還了父精母血。一點靈魂，徑到西方極樂世界告佛。佛正與眾菩薩講經，只聞得幢幡寶蓋有人叫道：「救命！」佛慧眼一看，知是哪吒之魂，即將碧藕為骨，荷葉為衣，念動起死回生

〔註52〕〔明〕佚名撰，《繪圖三教原流搜神大全：外二種》（上海：上海古籍出版社，2012），頁330～331。
〔註53〕〔明〕吳承恩，《西遊記》（臺北市：華正書局，1982），頁43。

真言，哪吒遂得了性命。〔註54〕

而同時期的《封神演義》更將佛道二教本身的信仰文化，以及對於哪吒的描述加以融合，從其出生至鬧海殺龍：

> 分開肉毬，跳出一個小孩兒來，滿地紅光，面如傅粉，右手套一金鐲，肚腹上圍著一塊紅綾，金光射目。——這位神聖下世，出在陳塘關，乃姜子牙先行官是也；靈珠子化身。金鐲是「乾坤圈」，紅綾名曰「混天綾」〔註55〕……哪吒搶一步趕上去，一腳踏住敖丙的頸項，提起乾坤圈，照頂門一下，把三太子的元身打出，是一條龍，在地上挺直。〔註56〕

再至哪吒與石磯娘娘的恩怨、割肉剔骨還父母，以及蓮花復生、賜受法寶：

> 我一身非輕，乃靈珠子是也。奉玉虛符命，應運下世。我今日剖腹、剜腸、剔骨肉，還於父母，不累雙親。〔註57〕……真人將花勒下瓣兒，鋪成三才，又將荷葉梗兒折成三百骨節，三個荷葉，按上、中、下，按天、地、人……綽住哪吒魂魄，望荷、蓮裏一推，喝聲：「哪吒不成人形，更待何時！」只聽得響一聲，跳起一個人來，面如傅粉，唇似塗硃，眼運精光，身長一丈六尺，此乃哪吒蓮花化身，見師父拜倒在地……真人傳哪吒火尖鎗，不一時已自精熟。哪吒就要下山報仇。真人曰：「鎗法好了，賜你腳踏風火二輪，另授靈符秘訣。」真人又付豹皮囊，囊中放乾坤圈、混天綾、金磚一塊……。〔註58〕

其後更有哪吒變化為三頭六臂之外形描述：

> 哪吒提火尖鎗，方欲駕土遁前行，只見左邊一聲響，長出一隻臂膊來。哪吒大驚曰：「怎的了？」還不曾說得完，右邊也長出一隻臂膊來。哪吒唬得目睜口呆。只聽得左右齊聲響，長出六隻手來，共是八條臂膊；又長出三個頭來。〔註59〕

這些情節充分發揮了創作的精神，在既有基礎上更加細緻的塑造出富含戲劇

〔註54〕〔明〕吳承恩，《西遊記》，頁948。
〔註55〕〔明〕許仲琳，《封神演義》（台北市：河洛圖書，1977），頁109。
〔註56〕〔明〕許仲琳，《封神演義》，頁112。
〔註57〕〔明〕許仲琳，《封神演義》，頁126。
〔註58〕〔明〕許仲琳，《封神演義》，頁130。
〔註59〕〔明〕許仲琳，《封神演義》，頁749。

情感，並擁有飽滿藝術生命的哪吒三太子，也可從其中發現佛道二教的宗教元素，如佛教的蓮花化生、道教的太乙救苦天尊借代為太乙真人等，皆反映了神魔小說取材自佛道二教信仰的根源。而台灣民間信仰當中的哪吒三太子，也多以《封神演義》為神話文本根據，呈現出包含火尖槍、乾坤圈、風火輪、混天綾、戰甲、三頭六臂（或八臂）、殺龍、蓮花化身等明顯辨識符號，形塑出形象多元的哪吒三太子信仰圖像。

（三）文本中的紅孩兒

　　除了哪吒三太子之外，同樣記述於《西遊記》當中的著名兒童角色：紅孩兒，在小說中即是一個歷經轉折演變的角色，其角色流傳到民間信仰領域，因其元素符號的相似性，也與其他人物產生了融合。根據《西遊記》第四十一回〈心猿遭火敗　木母被魔擒〉當中對於紅孩兒的外形裝扮詳細描述：

> 面如傅粉三分白，唇若塗朱一表才。鬢挽青雲欺靛染，眉分新月似刀裁。戰裙巧繡盤龍鳳，形比哪吒更富胎。雙手綽槍威凜冽，祥光護體出門來。哏聲響若春雷吼，暴眼明如掣電乖。要識此魔真姓氏，名揚千古喚紅孩。〔註60〕

可以看出如唇紅齒白、面龐圓潤、著裙不著衣、赤足等描述，使得紅孩兒更為貼近兒童的形象，這當中還有著與另一兒童角色——哪吒之比較。探究這個角色的成形，車瑞研究認為，從宋代《大唐三藏取經詩話》至元末明初的《西遊記》雜劇，一直到吳承恩的《西遊記》，紅孩兒的形象可分為三個時期的轉變過程，分別為：鬼子母期、紅孩兒期、善財童子期，從原本屬於佛教角色配角的鬼子母之子，逐漸獨立形象而成紅孩兒，其獨門招式「三昧真火」，以及「聖嬰大王」之號，更是蘊含著佛道二教的信仰意味，〔註61〕也突顯了其外型與性格的嬰孩特性。後《西遊記》第四十二回〈大聖大聖慇懃拜南海　觀音慈善縛紅孩〉，觀音菩薩以三十六把天罡刀化作蓮臺，誘使紅孩兒坐於蓮臺上兒受縛，觀音菩薩更為紅孩兒摩頂受戒，後因紅孩兒反悔使得觀音使出五個金箍套於其手足與頭，終得收服，觀音菩薩也為其取名「善財童子」。〔註62〕這一連串的發展，不僅可看出紅孩兒這個角色在創作過程中，融

〔註60〕〔明〕吳承恩，《西遊記》，頁470。
〔註61〕車瑞，〈紅孩兒形象考論〉，《太原理工大學學報》，33：1（太原，2015），頁64～67。
〔註62〕〔明〕吳承恩，《西遊記》，頁490～492。

入了許多傳統佛道信仰與人物形象，更形塑出如蓮花座、手足金箍、孩童裝扮等角色符號，但也因其參照根源、角色形象，如皈依觀音、手持火尖槍、蓮花等元素象徵，使得紅孩兒與哪吒及善財童子，產生了形象重疊之感，連帶也影響了以《西遊記》為本而形塑出許多信仰對象的台灣民間信仰。

第三節　各領域中的中國童子圖像運用

童子圖像在中國文化的發展脈絡中，雖因其角色定位而並不處於顯眼位置，但探究其起源甚早，運用亦為廣泛，跨越了宗教、風俗、藝術、生活，型態也包含了繪畫、用品、物件等類型，在其中最為顯著的仍是在宗教領域。這當中，又屬佛教信仰對於童子圖像的流傳最為廣泛，影響也最為久遠。

一、蓮花童子建築構件紋飾

在佛教初入中國之後，挾帶著豐沛信仰傳播的能量，同樣也將其文化中的童子圖像融入到中國各領域中。如北魏時期的蓮花化生童子瓦當，這類型物件在內蒙古、大同和洛陽等地皆有出土，以蓮花紋環繞周圍，中央一童子人形或手持華繩，或手捧淨瓶，或雙手合十，這些蓮花與手勢持物等元素，以及整體圖像作為化生童子的意像，呈現一種極為明顯的佛教符號。〔註63〕

這種紋飾運用，是在佛寺建築構件上，使用佛教經典中的化生元素，但也僅為圖像運用，並非運用其化生意涵，可將之視為一種運用於佛教建築的純粹裝飾圖像，這種圖像也成為後世中國建築學記述中的一種經典紋飾。〔註64〕

而在湖東北魏墓葬中，也曾出土一件相似紋樣的蓮花化生童子銅飾（圖8），據研究，應為棺槨或器物上的飾件，〔註65〕由此可見，此形制的蓮花化生童子運用甚為廣泛。除了此形制之外，在北魏孝文帝之母馮太后的永固陵中，其甬道南端的石卷門門楣兩側下端，也各有一尊跣足、手捧蓮蕾、身披天衣，其中一尊有頭光的陽雕童子像（圖9），此兩尊石雕童子其身紋特徵則

〔註63〕王飛峰，〈北魏蓮花化生瓦當探析〉，《四川文物》，3（成都，2019），頁67～72。

〔註64〕〔宋〕李誡，《營造法式》（北京：中國書店，2013），頁886。

〔註65〕林聖智，《圖像與裝飾：北朝墓葬的生死表象》（台北市：台大出版中心，2019），頁131。

似佛教的飛天，明顯屬於佛教圖像，所雕刻呈現之位置，除了顯現墓主崇信佛教而以此紋飾為裝飾之外，也隱含有希冀墓主歸於佛國淨土，亦或得到接引或守護等宗教意義功能存在。〔註66〕

圖8：
大同湖東北魏1號墓
出土之蓮花化生銅飾件

圖9：
北魏馮太后永固陵石卷門東西側捧蕾童子

二、石窟藝術童子圖像

另一方面，集中國佛教文化精華的石窟藝術，以佛經故事等文本為基礎，在千年的歷史當中，也展現了許多童子圖像，依其角色類形，筆者將之分有「特定指稱童子」，以及「廣義童子」。

（一）特定指稱童子

特定指稱童子指的是具有明確角色對象的童子，此類童子多是呈現佛經故事中著名的童子圖像，如敦煌絹本唐代《佛傳圖殘本》中之第二段，即呈現一嬰孩自女子右脇而生（圖10），第三段則是一孩童赤身而立，頭頂一祥雲降下水注灌頂（圖11），第四段則是一赤身男童立於蓮臺，右手指天左手指地，周邊連同蓮臺共有七朵蓮花（圖12），這些圖像明確的呈現了佛陀誕生、九龍灌水、七步等一連串的故事，也因此可知圖中的孩童為佛陀太子。另一著名的指稱童子則為善財童子，此類作品多以《華嚴經》〈入法界品〉的「善財童子五十三參」為本，如敦煌第44窟中心塔柱上的「逝多林園會」，圖中一童子赤身圍布裙，雙手合十站姿立於一側向中央菩薩參拜（圖13），即呈現了文本中善財童子於佛會中向文殊菩薩請法的畫面，這些圖像透過畫面中的

〔註66〕林聖智，《圖像與裝飾：北朝墓葬的生死表象》，頁134～138。

環境、姿勢、對像等辨識符號，具體的表現出文本內容，也明確的呈現了文本中所指稱的特定童子角色。

圖 10：唐代佛傳圖殘片
——太子誕生圖（紅圈處）

圖 11：
唐代佛傳圖殘片——九龍灌水圖

圖 12：
唐代佛傳圖殘片——七步圖

圖 13：盛唐敦煌莫高窟
第 44 窟善財童子於
佛會中請法（紅圈處）

（二）廣義童子

而廣義童子圖像，則是無特定指稱的對象，以各種形制的童子，象徵著佛教信仰中的不同意義或功能。筆者依其形制並參照如陳俊吉等前人研究，將之區分則可見如供養童子、化生童子、附屬童子等類型。

所謂「供養童子」是以童子姿態，表現出供禮佛或聞法樣貌，但這些供養童子並非為主要供養對象，而是作為主要供養人的附屬陪襯，隱約有替子嗣祈福之意，或是藉以突顯畫面主角受禮供之虔誠莊嚴。如瓜州榆林窟 29 窟南壁中所呈現供養童子，即跟隨於成人供養人之旁，所描繪之樣貌服飾帶有西夏風格（圖 14），童子三人或為成人供養人之子嗣與僕從，其姿態則表現出兒童對於禮佛的虔誠以及童真樣貌；〔註67〕敦煌莫高窟第 217 窟與第 197 窟的壁畫中也呈現了三尊童子雙手合十參拜與跪禮佛菩薩的圖像，這兩幅圖像之童子皆全身赤裸僅著鞋襪；第 217 窟中央立有一尊佛菩薩，童子雙手合十，側身可見面目立侍於一側（圖 15）；而第 197 窟的兩尊童子，一尊雙手合十採立姿，另一尊則跪拜禮佛（圖 16），兩幅圖像皆呈現了童子虔誠供養禮拜之型態。

圖 14：
瓜州榆林窟 29 窟
南壁西夏供養人童子

圖 15：敦煌莫高窟
第 217 窟北壁唐代
供養童子（紅圈處）

圖 16：
敦煌莫高窟第 197 窟
主室北壁唐代供養童子

而「化生童子」是佛教信仰中一種獨特的誕生方式，生命從無所託而忽有稱之為「化生」，並因其有新生意涵，而多以「童子」之姿呈現，因而稱為

〔註67〕吳珩，〈西夏圖像中的童子形象〉，《西夏研究》，1（寧夏，2016），頁 45。

「化生童子」。〔註68〕而根據陳俊吉的研究,北朝至唐代為化生童子圖像的運用高峰。〔註69〕其將此時期的化生童子圖像,區分為飛天型、蓮生型與嬉戲型。〔註70〕

　　其中「飛天型化生童子」是以童子之身,呈現佛教飛天的天人之像,如敦煌莫高窟 398 窟西壁龕內,彩繪有兩尊圓頂童子面,著袈裟寬袍,呈飛翔形態之童子,其一右手持炳香爐,左手持淨瓶,另一則右手持炳香爐,左手持缽(圖17);而敦煌莫高窟 322 窟西壁龕北側的「白象入胎」彩繪中,亦有一尊飛天童子,其上身赤裸著天衣,左手握飄帶,左腿屈膝,右腿向後延伸,周邊有祥雲(圖18)。

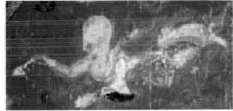

<table>
<tr><td>圖17:
敦煌莫高窟 398 窟西壁龕內
隋代壁畫「童子飛天」</td><td>圖18:
敦煌莫高窟 322 窟西壁龕北側
隋代壁畫「白象入胎」之飛天童子</td></tr>
</table>

　　「蓮生型化生童子」則是以蓮花繁榮、豐饒、潔淨的象徵,以及童子的新生意象,代表著新生命的潔淨,這樣的蓮生童子像,與蓮花的關係分有著兩種形制,一為坐、跪、站、蹲於蓮花之上,二為手持蓮花或蓮蕾之像。〔註71〕敦煌莫高窟第 220 窟南壁上的壁畫,及呈現了蓮花池中數尊不同形制的蓮生童子形態,包含了左邊尊倒立嬉戲於蓮臺上,中央尊雙手合十立姿於

〔註68〕陳俊吉,〈北朝至唐代化生童子的類型探究〉,《書畫藝術學刊》,15(新北市,2013),頁 182。
〔註69〕陳俊吉,〈北朝至唐代化生童子的類型探究〉,頁 178。
〔註70〕陳俊吉,〈北朝至唐代化生童子的類型探究〉,頁 183。
〔註71〕陳俊吉,〈北朝至唐代化生童子的類型探究〉,頁 185〜187。

蓮臺,周邊並有花瓣線條包覆,右邊一尊童子則雙手合十盤坐於蓮臺(圖
19),展現了等待花開見佛、初生禮佛、化生完成嬉戲等過程;瓜州榆林窟第
3 窟西側北壁文殊變壁畫中的蓮生童子,是一尊呈立姿於蓮臺上的豐胖童子
樣貌,並有著西夏党項族特有的髮型,手披絲帶與身周佛光,都表現出其佛
教的元素,而其赤身立於蓮臺則象徵著初始化生,手捧蓮花躬身向前,則彷
彿虔誠禮佛供佛姿態(圖 20)。

圖 19:
敦煌莫高窟第 220 窟南壁唐代蓮生童子

圖 20:榆林窟第 5 窟
西夏文殊菩薩赴法會像之
蓮花型化生童子像

另一幅敦煌藏經洞出土的絹本彩繪,則呈現了
七尊不同姿態樣貌的蓮生童子,蓮臺分作上中下三
段,上各有一尊童子,多為裸體或著肚兜著靴,中
段童子手持樂器,下段童子則呈嬉戲樣(圖 21),
表現出標準的兒童裝扮與天真活潑樣。

「嬉戲型化生童子」則是在佛教元素當中,更
加融入與呈現了世俗對於兒童的印象與模板,展現
出兒童天真無邪、活潑玩鬧的樣貌,如上述敦煌藏
經洞出土絹本的下段的三尊蓮生童子,以及敦煌莫
高窟第 217 窟北壁(圖 22)、敦煌莫高窟第 79 窟主
室的彩繪中(圖 23),皆表現出童子手持花苞,攀
爬玩鬧嬉戲等活潑樣貌。

「附屬童子」則是在圖像中,童子以主體附件
的方式呈現。如前述分析,童子一直有著附屬於成
人的傳統觀念及形象,這種附屬表達著兒童的弱小

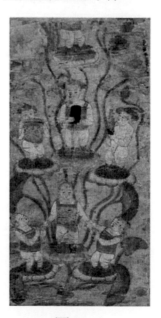

圖 21:
敦煌藏經洞出土
唐代蓮化生童子絹本

圖22：敦煌莫高窟第217窟
北壁唐代嬉戲童子壁畫

圖23：敦煌莫高窟第79窟主室龕頂
唐代嬉戲童子壁畫（部分截圖）

以及成人的保護能力，並延續影響著後世相似結構的圖像。其中，在古印度佛教信仰當中，「鬼子母」是最明顯帶有附屬童子圖像之神祇信仰（圖24）。探究其傳說，鬼子母本為犍陀羅地區一瘟疫神，印度信徒向其禮拜祭祀以保護兒童，後佛教化後，將其描述為育有五百鬼子的母夜叉，後佛陀將其度化皈依，並使之成為兒童與生育的保護神。〔註72〕佛教傳入中國後，同時帶入此信仰圖像，鬼子母逐漸從原本的食人夜叉角色，變成賜子護兒之神。

其圖像依據傳說內容，多為母性神手抱嬰兒或身邊跟著孩童之像呈現（圖25），童子或赤裸全身，或身著童衣，象徵著鬼

圖24：印度奧里薩
出土的9世紀鬼子母造像

〔註72〕李翎，《鬼子母研究：經典、圖像與歷史》，頁25～28。

子母多子形象與護兒功能，這些圖像不僅在明清的宗教水陸畫中可見（圖26），根據這樣的傳說，鬼子母所呈現母親與孩童的形象，亦成為中國著名神魔小說《西遊記》中鐵扇公主與紅孩兒的演變原型，〔註73〕以此圖像結構延伸，亦可看出母性神與童子附屬的圖像，同樣有著送子佑童的信仰功能，如後世的送子觀音、註生婆姐、土地婆帶童子等圖像造像，皆有著此類形制結構的相似意義。

圖25：
四川安岳石門山石刻九號窟南宋鬼子母像

圖26：清代鬼子母尊
天像水陸畫

另如清代《法界源流圖》中的〈訶黎帝母眾〉（圖27），以及唐代〈那羅延天像〉（圖28）和〈千手千眼觀世音菩薩圖〉中的「摩醯首羅天」（圖29），其圖像亦以童子作為附屬，呈現被懷抱著或是攀爬於身上之形，同樣以童子作為生命初始的象徵，映襯或強調著主體創造、育兒、佑兒的信仰。

三、泥孩兒（磨喝樂）

上述的這些佛教童子圖像，不僅是在宗教層面有著宣教功能，也影響了後世對於童子圖像的發展與運用。其中，蓮花化生童子本就有清淨新生之意，在這樣的概念中，此類圖像逐漸世俗化成了祈求生子的象徵。《全唐詩》中薛能的〈吳姬十首〉提到：「芙蓉殿上中元日，水拍銀台弄化生」〔註74〕，《歲

〔註73〕車瑞，〈紅孩兒形象考論〉，《太原理工大學學報》，33：1（太原，2015），頁64～65。
〔註74〕〔清〕聖祖御定，《全唐詩》（台北市：文史哲，1987），第九冊，頁6520。

圖 27：
訶黎帝母眾帶童子像

圖 28：唐代〈那羅延天像〉
手中所抱童子（紅圈處）

圖 29：唐代〈千手千眼觀世音菩薩圖〉中的
「摩醯首羅天」手中所抱童子（紅圈處）

時紀事》提到：「七夕俗以蠟作嬰兒形，浮水中以為戲，為婦人宜子之祥，謂
之化生，本出西域，謂之摩睺羅。」〔註75〕此處蘊含著兩個訊息，一為唐代
即已將佛教化生之意涵，轉化為世俗求子之意涵，二為當時即有嬰兒形之
物，用以祈子之用，並稱之為「摩睺羅」，而後傳至宋代，承襲了唐代的名稱
與功能，世人稱之為「磨喝樂」、「魔合羅」、「摩孩羅」、「摩侯羅」等，為當時
七夕活動的一種民俗玩具。因為泥塑之孩童像，又稱之為「泥孩兒」，《西湖
老人繁盛錄》中提到：

> 御前撲賣摩侯羅，多著乾紅背心，繫青紗裙兒；亦有著背兒，戴帽
> 兒者。牛郎織女，撲賣盈市。賣荷葉傘兒，家家少女乞巧飲酒。
> 〔註76〕

說明了「磨喝樂」與七夕乞巧的關聯。而南宋孟元老的《東京夢華錄》亦記
述到：

> 七夕前三五日，車馬盈市，羅綺滿街，旋折未開荷花，都人善假做
> 雙頭蓮，取玩一時，提攜而歸，路人往往嗟愛。又小兒須買新荷葉
> 執之，蓋效嚬磨喝樂。兒童輩特地新妝，競誇鮮麗。〔註77〕

不只是證明「磨喝樂」為當時七夕之
民俗物件，更重要的是呈現了「磨喝
樂」的形制，為手持荷葉的孩童樣貌。
透過這些當時的風俗描述，可以見到
至宋代時，佛教中的化生逐漸延伸為
祈求生子的世俗意涵。「磨喝樂」這樣
的物件，也在考古出土物中得到形象
的呈現，如鎮江宋元泥塑坊遺址即出
土了一批作工細緻且姿態生動的「泥
孩兒」（圖30），另在宋代周密的《武
林舊事·乞巧》中則進一步提及「磨

圖30：鎮江宋元泥塑坊
遺址出土「泥孩兒」

〔註75〕〔清〕蕭智漢撰，〈新增月日紀古〉《歲時習俗資料彙編》，清順治宛委山堂勘
　　　　重較說郛本，頁2407～2408。引自「漢籍電子文獻資料庫」。
〔註76〕〔明〕姚廣孝監修；楊家駱主編，《永樂大典》（臺北市：世界，1962），第四
　　　　十八冊　卷七千六百三，頁7。
〔註77〕〔宋〕孟元老撰，《東京夢華錄》，卷八。收錄於〔清〕紀昀等總纂，《景印文
　　　　淵閣四庫全書》（臺北市：臺灣商務，1983），史地三四七　地理類，頁163。

喝樂」的製作材質與裝飾差異：

> 七夕節物，多尚果食、茜雞。及泥孩兒號「摩侯羅」，有極精巧，飾
> 以金珠者，其直不貲……小兒女多衣荷葉半臂，手持荷葉，效響「摩
> 侯羅」。大抵皆中原舊俗也。七夕前，修內司例進「摩侯羅」十卓，
> 每卓三十枚，大者至高三尺，或用象牙雕鏤，或用龍涎佛手香製造，
> 悉用鏤金珠翠。衣帽、金錢、釵鐲、佩環、真珠、頭鬚及手中所執
> 戲具，皆七寶為之，各護以五色鏤金紗廚。〔註78〕

甚至宋人話本《碾玉觀音》中也有以玉雕作「摩侯羅」的描述〔註79〕，
這些記述不僅說明了此時「磨喝樂」的風俗遍及社會各階層，而其材質與裝
飾，也隨著階層身份而有所不同。宋代的七夕「磨喝樂」物件，延續了佛教信
仰的基礎，並演變為世俗化的民間物件，甚至是後世的吉祥圖像，為童子圖
像的母題意涵與信仰功能脈絡上，留下了承先啟後的銜接意義。

四、玉雕童子

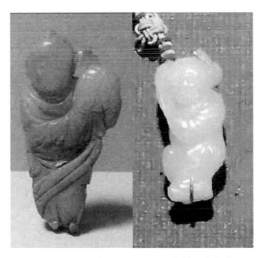

圖31：元代（左）及清代（右）
玉童子，藏於台北故宮博物院

隨著「磨喝樂」展現了民間風
俗並普及的影響，此類蘊含著風俗
意味的童子題材，在玉器器形母題
上也頻繁出現。這類物件不僅是一
種工藝品，更成為一種反映風俗的
玩賞物件並影響甚遠，不僅有單純
呈現童子形態的玉雕，如台北故宮
博物院藏之元代與清代玉童子像
（圖31），更在這樣的題材中，加
入了更多的圖像文化意涵。其中，
童子持蓮成為此類玉器上的重要
圖像，也成為了後世鑽研的一項重

〔註78〕〔元〕周密撰；〔清〕鮑廷博校刊；嚴一萍選輯，《武林舊事》（臺北縣板橋市：
　　　　藝文印書館，1966），卷第三，頁9～10。
〔註79〕宋話本《碾玉觀音》提到：「去府庫裡尋出一塊透明的羊脂美玉來，即時叫將
　　　　門下碾玉待詔道：『這塊玉堪做甚麼？』……『這塊玉上尖下圓，好做一個摩
　　　　侯羅兒。』郡王道：『摩侯羅兒只是七月七日乞巧使得，尋常間又無用處』」。
　　　　參見〔明〕馮夢龍，《警世通言》（台北市：光復，1998），第八卷，頁79。

要藝術母題。諸多研究對於持蓮童子玉的起源說法不一，但筆者認為，無論說法為何，皆脫離不了佛教信仰的「化生」，以及宋代的「摩喝樂」風俗，〔註 80〕何種說法為真不在本文研究範疇，但可確定的是持蓮童子的元素包含了佛教的蓮花形化生童子，並於宋代徹底轉變為風俗性，透過蓮花的純潔形象與諧音「連」的特性，與代表新生、男童的童子連結在一起，轉而形成帶有「求子」、「宜男」的吉祥象徵，體現了當時民間的風俗。

而這樣的玉雕持蓮童子，目前所見多為傳世，多以活潑生動的姿態呈現，或站或臥、臉身圓潤、眉目清秀，表現出男童天真豐潤樣貌，服飾則為孩童常穿之衣袍寬褲，手中則多持蓮葉，玉件體積也不大，應是以隨身佩戴或把玩為主要功能，從北京故宮博物院所藏宋代「玉舉蓮花童子」（圖 32），與台北故宮博物院所藏「玉蓮花戲嬰」等物件中（圖 33），皆可見這樣的特徵。

圖 32：宋「玉舉蓮童子」

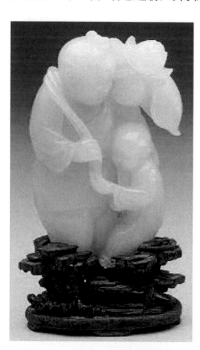

圖 33：清「玉蓮花戲嬰」

〔註 80〕如南京博物院的陳江認為，持蓮童子玉雕與宋代「摩喝樂」息息相關，都是反映宋代七夕的民間風俗，並不具有宗教意涵，而景德鎮珠山書畫院的喻明福則認為此類圖像的起源為佛教的化生，是一種宗教性產物。參見陳江，〈蓮孩玉——試論宋代執蓮童子題材玉雕的起源和定名〉，《東南文化》，7（江蘇省南京市，2000），頁 106～110；喻明福，〈宋代的執荷童子〉，《陶瓷學報》，33：3（景德鎮，2012），頁 391～395。

五、童子型陶瓷器

　　除了玉器之外，陶瓷器諸如宋元時期起的北方磁州窯、定窯、登封窯等亦有著同樣的童子元素，而其形制則呈現了童子題材的多元化發展。除了器身的彩繪紋飾題材表現外，另如河南博物院中收藏的出土宋代「三彩童子荷葉枕」（圖34）、「三彩篦划水波紋童子持荷枕」（圖35），鎮江市博物館藏的「影青孩兒持荷葉枕」（圖36）等陶瓷枕，是以童子為主體，手持或托住一荷葉作為枕面。

圖34：　　　　　　圖35：宋「三彩篦划　　　圖36：宋「影青孩兒
宋「三彩童子荷葉枕」　水波紋童子持荷枕」　　持荷葉枕」

　　或是單純以孩童之身形為枕體，如台北故宮博物院所藏的「北宋定窯白瓷嬰兒枕」（圖37），均呈現出更加立體而天真活潑的孩童造形，將之作為生活化的枕頭使用，更反映了當時的風俗民情，甚至這樣的風俗，也隨著流傳而影響到後世海外，如馬來西亞世德堂謝公司，就蒐藏有一件民初的孩兒瓷枕（圖38）。

圖37：　　　　　　　　圖38：
北宋「定窯白瓷嬰兒枕」　　馬來西亞民國初年孩兒型瓷枕

六、嬰戲圖

　　若是說到世俗的童子圖形，發展與題材成現更為多元的非「嬰戲圖」莫屬。根據出土文物的研究顯示，嬰戲圖紋於漢代即有，至唐五代開始發展，於

宋金時成熟並持續發展至今。〔註81〕
這樣的圖形廣泛的出現在佛教藝術與
民間風俗藝術中,包含了前面所提到
的「持蓮童子」圖像,也包含在嬰戲
圖紋的大類裡(圖 39)。嬉戲的孩童
從現實生活,走進了藝術題材領域,
各類型的嬉戲孩童,有放風箏、捉迷
藏、蹴鞠、執蓮、吹笙、庭院嬉戲、
讀書等遊戲題材,或成群,或單獨的
以彩繪或立體雕塑方式,出現各種不

圖 39:持蓮童子嬰戲紋罐

同的物件之上,如長沙窯址出土的「青釉褐彩童子蓮紋壺」(圖40),以及
「磁州窯白釉黑彩孩兒鞠球紋枕」(圖41),均是以單一童子像,表現手持
連梗荷花或踢蹴鞠的生動姿態;另如台北故宮所藏的「明嘉靖青花嬰戲圖
蓋罐」(圖42)、以及「明嘉靖五彩嬰戲圖杯」(圖43)等文物,均是在一
物件上,呈現各式豐富而生動的嬰戲圖紋,當中也包含有童子持蓮的紋樣
出現。

圖40:唐代長沙窯
青釉褐彩童子蓮紋壺

圖41:
宋「磁州窯白釉黑彩孩兒鞠球紋枕」

〔註81〕鄔德慧、王雪艷,〈嬰戲紋在陶瓷裝飾藝術中的演變〉,《中國陶瓷》,46:1(景
德鎮,2010),頁 69～70。

圖 42：　　　　　　　　　　　圖 43：
明「嘉靖青花嬰戲圖蓋罐」　　　明「嘉靖五彩嬰戲圖杯」

　　這些嬰戲圖紋，展現出一種活潑天真的神態，以及當時生活的樣貌，加之此類圖像的風俗化，讓這樣的圖像有著豐富的吉祥意味，更重要的，象徵的無邪、活力、生命等特徵，滿足了成人對於現實世界與心靈上的不足，彷彿可以透過這樣的嬰戲圖紋，回到孩童時的無憂無慮，也因此，此類圖像在生活轉而富足，且開始將藝術走向世俗的宋代得到了恢弘的成長，並擴散影響至後世深遠。

七、麒麟送子

　　另一種傳統而影響深遠的童子圖像，同樣蘊含著吉祥意味，然而其發展卻是包含了兩種圖像元素。自古以來，生育對於個人、家庭、社會、國家，都有著重要的意義，人們從古至今不停透過各種圖像與儀式，企圖投射如何順利求子、生育，以及讓幼兒出生後平安成長的祈求心願，「麒麟送子」就是在中國傳統民間中，對於生育祈求最為顯著的童子圖像符號之一。

　　「麒麟送子」所包含的「麒麟」與「童子」兩種圖像符號，麒麟為中國傳統神獸，代表著祥瑞之兆，《說文解字》：「麒麟仁獸也」〔註82〕，認為麒麟出沒處，必有祥瑞；《詩經》中：「麟之趾，振振公子，于嗟麟兮」〔註83〕的詩句，期勉貴族公子應效法麒麟的善心仁厚，至東晉王嘉《拾遺記》卷三則題

〔註82〕〔東漢〕許慎著；〔清〕段玉裁注，《圈點說文解字》，頁475。
〔註83〕《詩經‧麟》，卷一之三。收錄於《十三經注疏》，第二冊，頁45。

到：「夫子未生時，有麟吐玉書於闕里人家，文云：『水精之子，系衰周而素王』故二龍繞室，五星降庭。徵在賢明，知為神異」〔註84〕，說明了中國傳統即視麒麟為祥端，甚至沿伸了其祥瑞之意，與孔子的聖德相結合，產生了麒麟帶子如孔聖的傳說。

唐杜甫《徐卿二子歌》：「君不見徐卿二子多絕奇。感應吉夢相追隨。孔子釋氏親抱送，並是天上麒麟兒」〔註85〕，反映了民間也以「麟兒」吉稱獲子，再加之「童子」圖像所代表著的「求子」與「宜男」之象徵，逐漸形成了「麒麟送子」所代表對於祈求或護佑子嗣的吉祥寓意及圖像，並成為中國民間傳統風俗之一，如湖南長沙民間有歌云：「婦女圍龍可受胎，痴心求子亦奇哉。真龍不及紙龍好，能作麒麟送子來」〔註86〕。

「麒麟送子」這類的吉祥圖像，最為常見的就是麒麟身上騎坐著一個童子，為更強化求子乞兒的心願，更融合前述的吉祥類童子圖像，衍伸出童子手中持蓮花或笙的組合，以寓意「連（蓮）生（笙）貴子」，並運用在祈求吉祥如意的時間場合，如山西晉南民間即常有「麒麟送子」的木版年畫（圖 44），在新春期間貼於各家各戶，祈求新春所求如願、吉祥平安。另有將此圖像運用於日常物件當中，如台中南屯萬和宮文物館所保存的一件「方形麒麟童子紋銀胸配」，此件銀胸配即以麒麟送子之陽紋為圖像主體（圖 45）；另一塊麒麟送子的銀飾配，則以麒麟送子圖呈現整塊銀配之樣式，其童子手中所持旗幟，正面鑄

圖 44：山西晉南
民間「麒麟送子」木版年畫

有「幸福」、背面則鑄「兒童」字樣，而童子所著服裝樣式，近似於近代之鈕扣襯衣（圖 46），可見麒麟送子這種吉祥圖紋長期流行至今，並融入了當代元素，反映出此圖像受人喜愛與廣為流傳之程度。根據簡榮聰《臺灣銀器藝術》

〔註84〕石磊注譯，《新譯拾遺記》（臺北市：三民，2012），卷三，頁88。
〔註85〕〔清〕聖祖御定，《全唐詩》，第四冊，頁2306。
〔註86〕齊濤，《中國民俗通志》（山東：教育出版社，2005），第10卷，頁77。

研究，「麒麟送子」型的銀飾胸配，通常為新嫁婦所配帶，待小孩出世後稍大則也有轉由小孩配戴，其意涵是在祈求新婦能早日得子，以及孩童能得麒麟祥瑞之護佑以平安成長、吉祥幸福。〔註87〕更能夠看出，「麒麟送子」所呈現出的圖像意涵，作為吉祥風俗的運用功能，以深入民間人心之中，並在各個領域均能有所見。

圖45：方形麒麟童子紋銀胸配　　　圖46：近代麒麟送子銀飾配

小結

從兒童定義看成人眼中的兒童

過去對於「兒童」的研究中，可以看到「兒童」這個角色，約可分為三層不同的意涵定義：一、「人生階段的起始」，也就是生理上的兒童；二、「社會地位的角色」，也就是社會位階的相對關係；三、「抽象意涵的童稚」，也就是兒童精神性格的象徵，〔註88〕這些對於「兒童」的分析，從外在表徵連結到了精神內涵，使得兒童的形象寫實而生動的呈現在人們眼前。另一方面，兒童並無自身產出內涵價值的學思能力，因此「兒童」的象徵意義也往往是從成人角度所賦予的，在成人的眼中，兒童有著未被社會所污染的純潔性，以及生活記憶與內心的嚮往，也象徵著成人的責任與義務，並且還是生命的希望與延續。〔註89〕深入探討這些論述，筆者認為「兒童」之於社會與文化所

〔註87〕簡榮聰，《臺灣銀器藝術（上）》（臺中市：臺灣省文獻委員會，1988），頁121～122。

〔註88〕熊秉真，《童年憶往：中國孩子的歷史》（台北：麥田，2000），頁24。

〔註89〕陳映芳，《圖像中的孩子》（濟南：山東畫報出版社，2003），頁3。

呈現的定義與象徵，反映了成人對於外在生存世界與內心精神領域的不足與渴望，透過對於兒童的描述以及其意涵的延伸，滿足了過去的回憶與未來的想像，也讓「兒童」這種符徵，隨著以社會文化的發展與興盛，逐漸受到了重視與多元運用。

童子圖像發展與社會背景之關聯

縱觀中國兒童圖像的發展脈絡，因為兒童這個概念早先並未受到重視，因此自漢起，僅零星出現於物件圖像之上，在整體文化上並非廣泛運用之題材。然而到了宋代，反映了兒童遊戲、生活等場景的嬰戲圖開始活躍發展，連帶也使得童子題材逐漸走向風俗化藝術呈現，並有著澎勃興盛的變化，探究此情況形成原因，宋春艷將之分為四大因素：一為城市的崛起和市民文化的發展導致風俗畫的興盛；二為宋代人口政策反映了藝術嬰戲圖的發展；三為宋代文化教育事業的普及與興盛，推動了嬰戲圖的繁榮；四為傳統倫理觀念的影響，〔註90〕這些原因呈現出藝術題材的發展，勢必與社會文化穩定成長有著密切的關聯性。眾所周知宋代的社會經濟在中國歷史中是一段極度興盛的時代，而平民生活意識也隨著生活安穩而逐漸抬頭，當人們開始不用為了三餐溫飽而擔憂的時候，自然有餘力在其心靈、藝術等層面投入精神。另一方面也因為社會穩定、生活繁榮，平民生活的題材也走進了藝術家的眼中，再加之宋代國家政策對於人口的生育、幼兒的養育等皆積極推動，使得兒童逐漸受到社會與文化層面的重視。諸多原因使得宋代成為了童子圖像發展脈絡的一個重要時代高峰，也可由此看出，童子圖像受到明顯社會環境與歷史脈絡的影響。以神話學理論來說，「童子」這樣的圖像符號，是一種訊息與形式，透過分析它的各種不同表達方式，劃定當中歷史的界線與使用條件，才能真正定義「童子」當中的文化意涵，〔註91〕這樣的概念也透過對各式不同的文物與圖像進行分析而逐漸明朗。

文本形塑之童子圖像符號特性

一個圖像的成形與運用，必然有其根源性，童子圖像具有極為顯著的符號元素，也在其根深蒂固的印象中，被宗教信仰與想像創意所吸收，透過神

〔註90〕宋春艷，〈淺析宋代嬰戲圖盛行的原因〉，《大眾文藝》，9（石家莊，2012），頁33～34。

〔註91〕Roland Barthers 著；許薔薔、許綺玲譯，《神話學》，頁315。

話與小說等文本的描述，展現出多元的童子角色。這些圖像則將文本中的描述，藉由銘文、人物象徵、對手反襯、特殊場景、時代背景等方式，將文字轉變為形象，並確保為觀者所知。〔註92〕而兒童所蘊含的符號元素，包含了其美好天性，如：純潔、天真、新生，以及外在印象，如：色潤、熱情、活潑等，在文字與圖像之間，深刻卻又低調的形成一種特殊意涵，這些童子圖像也在其不變的象徵當中，生動而多元的呈現其藝術形象。

童子圖像於中國各領域之發展分析

　　然而，童子圖像在中國各領域當中的發展，雖然有著多元的運用情形出現，但仍脫離不了傳統對於孩童的定義與既定印象，尤其孩童作為成人的附屬這一印象，更是明確的表現在傳統宗教信仰，如佛道二教，以及文本與各類形圖像當中。這樣的既定印象，使得傳統的童子圖像仍是以眷屬、隨從，或是陪襯的裝飾角色，甚至是附屬配件的方式出現在多數題材表現之中，這當中也能看出有著孩童不及成人的傳統觀念隱意。筆者認為，在這樣的傳統觀念中，童子圖像的意涵並非主體，而是以一種附加形式呈現，亦有反襯或強化成人形象的功能，也反映出了在這樣的傳統觀念當中的孩童，尤其是宗教信仰中的童子圖像，仍非獨自擁有重要功能的圖像主流。

　　另一方面，童子圖像在中國傳統圖像轉而風俗化的過程當中，多以蘊含吉祥意涵的圖像呈現，諸如招財、招福、求子等，這些吉祥圖像均呈現出一種祈求希望的意味。筆者認為，吉祥圖像以童子作為呈現此類主題的題材，與孩童的新生命象徵有關。因新生命有著開始的意涵，而所有的祈求都代表著希望從無到有，將祈求的願望與新生命象徵的童子連結在一起，更能突顯出希望心願如同新生命一樣實現的渴望。除此之外，童子所表徵著活潑、好動等充滿生命力的形象，也讓童子形吉祥圖像所蘊含的心願，產生出一種更有活力且更快實現的連帶想像，也因此，童子形吉祥圖像成為了中國傳統文化當中，不可或缺且廣受歡迎的圖像類形之一。

　　如此回顧童子圖像在中國歷史脈絡中的發展，可以發現其跨越了宗教與風俗，並在各類型媒材介體中展現，當中蘊含了童子本身如豐潤、髮式、服飾、嬉戲等印象符號，並以此衍伸出相關的深層內涵，如新生、純潔、善良

〔註92〕Susan Woodford 著；賈磊譯，《古代藝術品中的神話形象》（濟南：山東畫報出版社，2006），頁 15～23。

等，在這樣的基礎中，也融合了其他圖像，產生出更多元與具目的性的複合性圖像，如麒麟送子、持蓮童子等，這些童子圖像隨著人們對於生活的重視與反思，逐漸走入成人的眼中佔有一席之地，並成為重要的生活思想與藝術母題，而這樣的發展，仍在持續充滿生命力的演變著。

第三章　台灣民間信仰中童子圖像信仰功能之分析比較

　　從前述分析可見，童子圖像的發展甚早，影響也極為廣泛，其符號意涵主要象徵著新生命的出現，以及對於未來的期待與投射，其溯源在於對新生命的期望，以及成人世界的反璞歸真，並藉由種種信仰或借代，擴展此類象徵生命與純真的元素，造就了童子圖像在宗教信仰與風俗意涵中的活躍。話雖如此，在童子的造像上，其神話文本影響了形制的呈現，甚至形成其中的信仰功能差異性，在各式童子圖像中，可見到因不同信仰脈絡而產生的不同功能取向。而與中國東南部有著發展脈絡之關聯性，同時深受佛道二教信仰與神魔小說影響的台灣民間信仰，當中的許多信仰神祇同樣也在這樣的形式之下，脫離了文字藝術的存在，具體而生動的呈現在信仰領域當中，成為具有明確符號或信仰功能的神祇，甚至增添了信徒的想像與心靈需求，融會演變出具有台灣本土特色且更多元豐富的信仰形象。

　　在台灣民間信仰當中，神祇造像是最常見且具體的信仰載體，其所乘載的信仰功能透過造像而寄託於上，是整個台灣民間信仰的形象重心，同時也是信眾的精神與心靈層面的認同象徵。[註1]而這些神像，以現今學界常用之定義，分為主神、配偶神、配祀神、挾祀神、隸祀神、同祀神等，[註2]是以同一宮廟空間內的位階屬性以及從屬關係而區分，而童子形制在信仰造像

〔註 1〕李建緯，《歷史·記憶與展示：台灣傳世宗教文物研究》（台中：豐饒文化社，2018），頁 15。
〔註 2〕吳瀛濤，《臺灣民俗》（臺北市：眾文圖書，1992），頁 48～49。

中，也佔有為數眾多且重要的地位。

另就其功能來看，童子圖像在這些台灣民間信仰當中，可區分為祭祀類與非祭祀類兩大類，祭祀類即信徒會將之視為祈願對象或是侍於祈願對象旁，因而使其受香火供奉並達到實現心願之目的的信仰功能，如上述神祇造像的主要信仰功能即為祭祀。在這當中又可分為單體式祭祀與附屬配件式祭祀兩大類，也就是獨立單尊之神像，用於祭祀與供奉，包含了連體或是隨侍等形制與功能。以及同樣是用於祭祀供奉，但童子作為配件，附加於主體神像上，屬於加強或襯托主體神像之信仰功能。

另一類非祭祀類童子圖像，主要功能為民間信仰空間中的裝飾，可區分為建築構件、器物、造像與彩繪四大項。與祭祀類的區別在於，此類童子圖像分布於信仰空間當中，但卻非受香火供奉或祈求心願之對象，主要功能屬於空間或是器物上之裝飾，與所現之信仰空間或主體不一定有關聯性。

本次研究田野材料將以上述兩類功能進行分類，並於其下再細分項。而材料蒐集乃採隨機式田調，調查蒐集原則有四：一為著名常見之童子神祇；二為特殊形制或信仰之童子信仰神祇；三為蓮花童子相關之圖像與造像；四為與童子相關之造像或裝飾題材。調查範圍則以宮廟與博物館蒐藏物件相關為主，私人宮壇則因屬非公開場域，僅能盡力協調調查，無法全面包含，但不離信仰祭祀之相關空間範疇，另有部分材料由師長友人提供。然因童子題材於台灣民間信仰中發展多元且廣泛，此次調查無法全面涵蓋細節，唯盡力於各分類項中均能蒐集到能夠象徵代表之田調材料。除此之外，因台灣民間信仰與中國福建泉漳州地區之傳統信仰有著脈絡上的關聯，因此本研究亦部分蒐集至該區域之材料。相關田調材料之分類與分布圖，區分具文物脈絡與去脈絡之田調點分表示之：

表 1：本研究內容具文物脈絡之田野調查地點與材料彙整表

行政區域		田調採集地 / 屬性		田調材料類別 / 名稱		備　註
台灣北部	台北	社子島威靈廟	宮廟寺院	祭祀類單體式造像	主祀囝仔公	
					麒麟送子型囝仔公	
				主體式建築裝飾	石板雕麒麟送子	
				主體式門神彩繪	童子門神	
		大稻埕慈聖宮	宮廟寺院	祭祀類單體式造像	月下老人挾祀童子	
					註生娘娘殿前童子	

行政區域	田調採集地 / 屬性		田調材料類別 / 名稱		備　　註
			祭祀類附屬配件式造像	註生娘娘殿十二婆姐	
			非祭祀類單體造像	中殿錫製持蓮童子	
	艋舺龍山寺	宮廟寺院	祭祀類單體式造像	文昌帝君挾祀童子	
				紫陽夫子挾祀童子	
				大肚夫人殿前持蓮童子	
				善財童子	
			主體式建築裝飾	十八羅漢神龕底部嬰戲圖木雕裝飾	
			器物裝飾	禮斗裝飾挾祀童子	
	艋舺慈航王府	宮廟寺院	祭祀類單體式造像	蓮花太子	
	松山王府劍童宮	宮廟寺院	祭祀類單體式造像	主祀劍童	
				開基劍童	
			主體式門神彩繪	童子門神	
	劍潭古寺	宮廟寺院	祭祀類單體式造像	善財童子	
			祭祀類附屬配件式造像	送子觀音	
				捧子羅漢	
	大龍峒保安宮	宮廟寺院	祭祀類單體式造像	註生娘娘殿前軟身童子	
			祭祀類附屬配件式造像	註生娘娘殿十二婆姐	
			主體式建築裝飾	三川殿外牆童子石雕	
			非祭祀類單體造像	太歲殿錫製持蓮童子	
				辦公室錫製麒麟持蓮童子	李建緯教授提供
			附屬配件式門神彩繪	高元帥抱童子門神	
	北投普濟寺	宮廟寺院	附屬配件類祭祀造像	子安地藏	
	法主公廟	宮廟寺院	主體式建築裝飾	五子奪魁石雕	
			附屬配件式建築裝飾	隨從童子型石雕	
			非祭祀類單體造像	三清殿錫製持蓮童子	
	士林慈諴宮	宮廟寺院	裝飾類單體造像	正殿持蓮童子	

行政區域	田調採集地	屬性	田調材料類別	名稱	備註
	汐止玉勒紫明代天府建凌宮五大巡總廟萬善堂	宮廟寺院	主體式門神彩繪	童子門神	
			主體式壁畫彩繪	廟額兩側牆面童子題材彩繪	
新北	新莊慈祐宮	宮廟寺院	祭祀類單體式造像	三太子	
	烘爐地福德廟	宮廟寺院	祭祀類單體式造像	挾祀童子（招財童子、進寶童子）	
	中和圓通禪寺	宮廟寺院	祭祀類單體式造像	誕生佛	
	永和保福宮	宮廟寺院	附屬配件式門神彩繪	高元帥抱童子門神	
			主體式門神彩繪	童子門神	
			主體式建築裝飾	觀音收服紅孩兒堆塑	
	金山萬里情月老廟	宮廟寺院	祭祀類附屬配件式造像	送子觀音	
桃園	護宮國太子廟	宮廟寺院	祭祀類單體式造像	三頭八臂太子	
				主祀中壇元帥	
				五路財神挾祀童子	
				月老挾祀童子	
				中壇元帥挾祀童子	
			祭祀類附屬配件式造像	註生娘娘挾祀婆姐	
			主體式壁畫彩繪	柱體與牆面封神演義哪吒題材彩繪	
			主體式建築裝飾	哪吒三太子題材石雕	
	桃園龜山壽山巖觀音寺	宮廟寺院	祭祀類單體式造像	善財童子	
			主體式門神彩繪	童子門神	
新竹	都城隍廟法蓮寺	宮廟寺院	祭祀類單體式造像	善財童子	
			主體式門神彩繪	童子門神	
	都城隍廟	宮廟寺院	祭祀類單體式造像	大二少爺	
			祭祀類附屬配件式造像	助生娘娘挾祀婆姐	
	法蓮寺	宮廟	祭祀類附屬配件式造像	送子觀音	
			主體式建築裝飾	廟樑飛天童子像	
	竹蓮寺	宮廟寺院	附屬配件式壁畫彩繪	天花板壁畫	

行政區域		田調採集地／屬性		田調材料類別／名稱		備　註
		芎林茶亭福德祠	宮廟寺院	祭祀類附屬配件式造像	土地婆帶童子像	
		褒忠亭義民廟	宮廟寺院	主體式建築裝飾	持蓮童子、持芭蕉葉童子石雕	
		進士第	古蹟建築	主體式建築裝飾	持蓮童子形斗拱	陳瑤玲老師提供
		新竹天王寺財神廟	宮廟寺院	非祭祀類單體造像	石雕運財童子	
					持蓮童子（招財進寶童子）	
台灣中部	苗栗	白沙屯五雲宮	宮廟寺院	祭祀類單體式造像	三太子	
					拔少爺	
				附屬配件式建築裝飾	石板畫仙人餵鶴	
		中港慈裕宮	宮廟寺院	祭祀類單體式造像	三太子	
		竹南龍鳳宮	宮廟寺院	祭祀類單體式造像	門下三太子	
		竹南保民宮	宮廟寺院	祭祀類單體式造像	文昌帝君挾祀童子	
				主體式門神彩繪	童子門神	
		龍湖宮	宮廟寺院	祭祀類單體式造像	嬰靈像（佛童子）	
		獅頭山勸化堂	宮廟寺院	祭祀類單體式造像	誕生佛	
				主體式建築裝飾	殿名區裝飾童子	
		獅頭山饒益院	宮廟寺院	祭祀類單體式造像	佛誕生像	
		天靈寺	宮廟寺院	祭祀類附屬配件式造像	送子觀音	
	台中	台中廣天宮	宮廟寺院	祭祀類單體式造像	囝仔公	
		樂成宮	宮廟寺院	祭祀類單體式造像	月下老人挾祀童子	
					文昌帝君挾祀童子	
					華陀仙師挾祀童子	
					財神殿招財童子	
				主體式門神彩繪	文昌帝君殿童子門神	
					月老殿童子門神	
					財神殿童子門神	

行政區域	田調採集地 / 屬性		田調材料類別 / 名稱		備 註
				華佗殿童子門神	
	大甲鎮瀾宮	宮廟寺院	祭祀類單體式造像	善財童子	
	白鶴仙宮	宮廟寺院	主體式建築裝飾	廟頂白鶴童子鑄像	
	豐原鐮仔坑後山腳福德祠	宮廟寺院	祭祀類附屬配件式造像	土地婆帶童子像	
	東勢東關路福德祠	宮廟寺院	祭祀類附屬配件式造像	土地婆帶童子像	
	東勢福安祠	宮廟寺院	祭祀類附屬配件式造像	土地婆帶童子像	
彰化	大村田洋城隍廟	宮廟寺院	祭祀類單體式造像	騎馬三太子	
	南瑤宮	宮廟寺院	祭祀類單體式造像	廣澤尊王	
				文昌帝君挾祀童子	
				善財童子	
			附屬配件式建築裝飾	三川殿外牆祈求吉慶石雕	
				後殿牆面壽子財堆塑	
	定光佛廟	宮廟寺院	祭祀類單體式造像	挾祀童子（左右劍印佛童）	
	彰邑關帝廟	宮廟寺院	祭祀類單體式造像	文昌帝君挾祀童子（天聾、地啞）	
				武財神挾祀童子（招財童子、利市童子）	
	和美羅子宮	宮廟寺院	祭祀類單體式造像	主祀甘羅太子	
	鹿港北土地公廟	宮廟寺院	祭祀類附屬配件式造像	土地公帶童子像	
南投	鳳凰寺	宮廟寺院	祭祀類單體式造像	鐵甲神童	
	下溪頭龍山廟	宮廟寺院	祭祀類單體式造像	飛天童子	
	埔里恆吉宮	宮廟寺院	祭祀類附屬配件式造像	註生娘娘挾祀婆姐	
			主體式建築裝飾	持蓮童子石雕	
			器物裝飾	顧爐劍印童子	

行政區域		田調採集地 / 屬性		田調材料類別 / 名稱		備　註
	雲林	崙背慈聖太子殿	宮廟寺院	祭祀類單體式造像	五路開基小元帥（楊五郎）	
		北港集雅軒	軒社	祭祀類單體式造像	孩兒爺	邱彥翔提供
		北港朝天宮	宮廟寺院	非祭祀類單體造像	註生娘娘殿持蓮童子	
				主體式彩繪	後殿迴廊窗戶玻璃彩繪童子	
		土庫順天宮	宮廟寺院	祭祀類附屬配件式造像	註生娘娘挾祀婆姐	
				主體式門神彩繪	童子門神	
		金湖萬善爺廟	宮廟寺院	祭祀類附屬配件式造像	戰水英雄	
		口湖蚶仔寮開基萬善祠	宮廟寺院	祭祀類附屬配件式造像	戰水英雄	
				主體式建築裝飾	廟額兩側裝飾童子	
		台西五條港安西府	宮廟寺院	器物裝飾	顧爐童子	
		四湖參天宮	宮廟寺院	器物裝飾	顧爐童子	
		虎尾持法媽祖宮	宮廟寺院	附屬配件式門神彩繪	高元帥抱童子門神	
				主體式門神彩繪	童子門神	
				主體式建築裝飾	童子題材裝飾堆塑	
台灣南部	嘉義	大林義和隆天宮	宮廟寺院	祭祀類單體式造像	三太子	
					白鶴童子	
		新塭嘉應廟	宮廟寺院	祭祀類單體式造像	善財童子	
				祭祀類附屬配件式造像	送子觀音	
		東石副瀨富安宮	宮廟寺院	祭祀類單體式造像	三哥爺	
		嘉義市白蓮宮	宮廟寺院	附屬配件式門神彩繪	高元帥抱童子門神	
	台南	大天后宮	宮廟寺院	非祭祀類單體造像	註生娘娘殿持蓮童子	
		麻豆太子宮	宮廟寺院	祭祀類單體式造像	立身太子爺	
					蓮花太子	
					文昌帝君挾祀童子（劍童、書童）	
					善財童子	

行政區域	田調採集地 / 屬性		田調材料類別 / 名稱		備　註
			主體式壁畫彩繪	樑架哪吒三太子彩繪	
	麻豆代天府	宮廟寺院	祭祀類單體式造像	東嶽大帝挾祀甘羅太子	
			祭祀類附屬配件式造像	註生娘娘挾祀婆姐	
	西羅殿	宮廟寺院	祭祀類單體式造像	主祀廣澤尊王	
	南鯤鯓代天府萬善堂	宮廟寺院	祭祀類單體式造像	萬善爺	
			非祭祀類單體造像	牧童牧牛造景	
			主體式壁畫彩繪	童子壁畫彩繪	
	歸仁童子軍廟	宮廟寺院	祭祀類單體式造像	童子軍爺	
			非祭祀類單體造像	牧童牧牛造景	
			主體式建築裝飾	石板畫五子奪蓮	
	臨水夫人媽廟	宮廟寺院	祭祀類單體式造像	福德正神挾祀童子（顧花童子）	
			祭祀類附屬配件式造像	十二婆姐	
	學甲慈濟宮慈福寺	宮廟寺院	祭祀類單體式造像	觀音菩薩挾祀童子	
	學甲慈濟宮	宮廟寺院	主體式建築裝飾	麒麟送子剪黏	
			附屬配件式建築裝飾	廟頂壽子財剪黏	
			器物裝飾	顧爐劍印童子	
	永康大灣觀音廟	宮廟寺院	祭祀類單體式造像	善財童子	
			祭祀類附屬配件式造像	送子觀音	
	全臺首邑縣城隍廟	宮廟寺院	祭祀類單體式造像	童子爺	
	安定仙子廟	宮廟寺院	祭祀類附屬配件式造像	林府仙子手抱童子	
				生娘媽手抱童子	
高雄	佛光山	宮廟寺院	祭祀類單體式造像	浴佛用誕生佛像	
	家庭佛堂	民宅	祭祀用神明彩（彩繪）	童子拜觀音	
	三鳳宮	宮廟寺院	祭祀類單體式造像	主祀中壇元帥	
	路竹慧賢宮	宮廟寺院	祭祀類單體式造像	紅孩兒	
	大崗山新超峰寺	宮廟寺院	器物裝飾	顧爐劍印童子	

行政區域		田調採集地 / 屬性		田調材料類別 / 名稱		備 註
台灣東部	屏東	慈鳳宮	宮廟寺院	祭祀類單體式造像	文昌帝君挾祀童子（印童、書童）	
					善財童子	
				祭祀類附屬配件式造像	送子觀音	
					註生娘娘挾祀婆姐	
				主體式建築裝飾	麒麟送子堆塑	
		林邊下庄角三法寺	宮廟寺院	祭祀類附屬配件式造像	送子觀音	
		楠樹腳天后宮	宮廟寺院	器物裝飾	顧爐劍印童子	
		車城福安宮	宮廟寺院	祭祀類單體式造像	善財童子	
				附屬配件式壁畫彩繪	童子侍從類彩繪壁畫	
	宜蘭	員山廣興堂	宮廟寺院	祭祀類單體式造像	廣澤尊王	
					牧童形廣澤尊王	
	花蓮	花蓮市延平王廟	宮廟寺院	祭祀類單體式造像	三太子	
				祭祀類附屬配件式造像	送子觀音	
				主體式建築裝飾	五子奪魁廟壁堆塑	
				附屬配件式壁畫彩繪	童子侍從類彩繪壁畫	
				主體式壁畫彩繪	麒麟送子壁畫彩繪	
				附屬配件式建築裝飾	童子侍從類廟壁堆塑及石版畫	
				主體式建築裝飾	龍柱捐獻牌兩側裝飾童子	
	台東	台東天后宮	宮廟寺院	祭祀類單體式造像	善財童子	
				祭祀類附屬配件式造像	註生娘娘挾祀婆姐	
				主體式壁畫彩繪	哪吒主題壁畫	
				附屬配件式建築裝飾	童子侍從類石雕	
				主體式建築裝飾	童子嬉戲題材石雕	
					麒麟送子剪黏	
					龍柱捐獻牌兩側裝飾童子	
		台東順天宮	宮廟寺院	祭祀類單體式造像	三太子	
				附屬配件式建築裝飾	廟頂壽子財剪黏	

行政區域		田調採集地／屬性		田調材料類別／名稱		備註
				主體式建築裝飾	「玉雲亭」亭額兩側裝飾童子	
		台東天官堂	宮廟寺院	附屬配件式建築裝飾	廟壁壽子財堆塑	
海外各國	馬來西亞	鶴山極樂寺	宮廟寺院	非祭祀類單體造像	正殿銅製持蓮童子燭台	李建緯教授提供
	中國	泉州崇武古城南城門上觀音廟	宮廟寺院	祭祀類單體式造像	善財童子	
		泉州安平橋水心亭	宮廟寺院	祭祀類單體式造像	善財童子	
					日月太保	
		泉州安海龍山寺	宮廟寺院	祭祀類單體式造像	善財童子	
					日月太保	
		泉州開元寺	宮廟寺院	祭祀類單體式造像	善財童子	
		泉郡日月太保宮	宮廟寺院	祭祀類單體式造像	日月太保	
		泉州花橋慈濟宮	宮廟寺院	祭祀類單體式造像	保生大帝挾祀童子	
		泉州天后宮	宮廟寺院	非祭祀類單體造像	正殿銅製持蓮童子	
		漳州文昌宮	宮廟寺院	祭祀類單體式造像	善財童子	
				祭祀類附屬配件式造像	送子觀音	
		漳州東橋亭	宮廟寺院	祭祀類單體式造像	善財童子	
					日月太保	
				祭祀類附屬配件式造像	送子觀音	
		漳州青礁慈濟宮	宮廟寺院	祭祀類附屬配件式造像	子安地藏	
		漳州白礁慈濟宮	宮廟寺院	祭祀類單體式造像	善財童子	
		漳州德進廟	宮廟寺院	祭祀類附屬配件式造像	註生娘娘挾祀婆姐	
		漳州侍王府通元廟	宮廟寺院	單體式祭祀造像	福德正神挾祀童子	
					善財童子	
		漳州法因寺	宮廟寺院	非祭祀類單體造像	正殿銅製持蓮童子	

列表整理：陳遵旭

表2：本研究內容去脈絡之田野調查地點與材料彙整表

行政區域		田調採集地（屬性）		田調材料（童子類型）	備　註
台灣北部	台北	華岡博物館	博物館	壁畫彩繪　蓮花化生童子	蔡嘉珊提供
		台北故宮博物院	博物館	器物　玉雕童子	
				玉蓮花嬰戲	
				北宋定窯白瓷嬰兒枕	
				明嘉靖青花嬰戲圖蓋罐	
				明嘉靖五彩嬰戲圖杯	
				明代青銅鎏金抱子觀音菩薩坐像	
	桃園	私人收藏	民宅	祭祀類單體式造像　龍太子	吳政男司提供
	台中	萬和宮文物館	博物館	器物　方形麒麟童子紋銀胸配	
		私人收藏	民宅	器物　麒麟送子銀飾	李建緯教授提供
		大甲鎮瀾宮文化大樓	活動場地	祭祀類附屬配件式造像　壽子財子抱童子	
		私人收藏	民宅	祭祀類單體式造像　孩兒爺	王銘釧提供
	南投	國史館台灣文獻館	博物館	祭祀類附屬配件式造像　土地婆帶童子像	
台灣南部	嘉義	故宮南院	博物館	祭祀類單體式造像　誕生佛	
	台南	大天后宮文物館	博物館	器物　青花持蓮童子罐	李建緯教授提供
	高雄	佛光山佛陀紀念館	博物館	祭祀類單體式造像　誕生佛	
海外各國	馬來西亞	世德堂謝公司	宗祠	器物　民初孩兒形瓷枕	李建緯教授提供
	中國	泉州閩台緣博物館	博物館	祭祀類單體式造像　清福建瓷塑廣澤尊王	
				祭祀類附屬配件式造像　白瓷壽子財手抱童子	
		泉州西方國佛具店	佛具店	祭祀類單體式造像　日月太保	新雕神像商品
		廈門蔡氏漆線雕公司	公司	祭祀類附屬配件式造像　清代送子觀音像	收藏品
				明代土地公帶童子像	

另將上述台灣田野調查點製作分佈圖，所調查之地點如下圖所示：

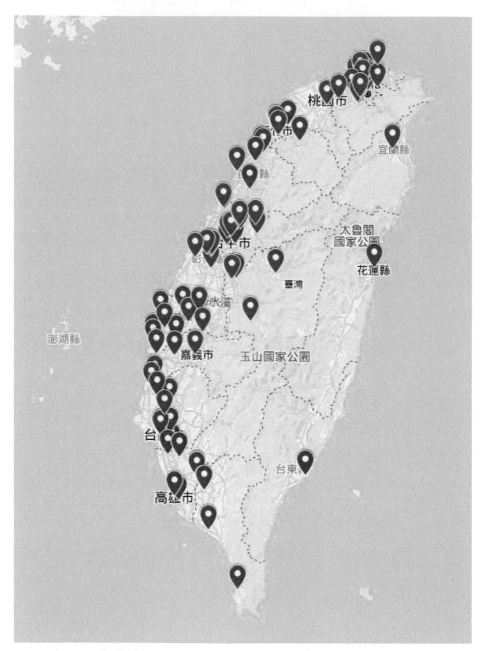

圖 47：本研究內容台灣田野調查點分佈圖（製圖：陳遵旭）

今將就以上述分類、原則與前述對於童子之定義，對於台灣民間信仰中
常見各式不同類型的童子圖像，進行分析以及比較。

第一節　祭祀類童子圖像與信仰功能

一、單體式童子造像

童子型的單體式造像在目前台灣民間信仰的常見供奉形態分類中，約可分為主祀神、挾祀神、配祀神、隸祀神與其他。主祀神是台灣民間信仰當中最核心的神像類別，也就是一間寺宮廟堂中的主要祭祀對象，通常有著該間廟宇起源或主要護佑功能之信仰象徵；而挾祀神為主神左右之侍從，較無指稱特定之對象：配祀神同樣與主神搭配，但有固定之配制；隸祀神則與主神無特定關係，僅為從屬於同一宮廟當中。〔註3〕今將台灣民間信仰中常見或較特殊之童子型單體式造像分析探討如下：

（一）哪吒三太子

目前台灣民間信仰中所見以童子單體式供奉神祇，最為廣泛的當屬哪吒三太子，哪吒三太子又稱三太子、太子爺，又因其功能執掌，而有中壇元帥或五營元帥之中營元帥的稱號。根據昭和四年（1929）台灣總督府的宗教調查官增田福太郎的調查顯示，台灣民間信仰的前 20 名神祇為福德正神、王爺、觀音、媽祖、玄天上帝、關聖帝君、三山國王、保生大帝、釋迦佛、有應公、清水祖師、三官大帝、太子爺、神農大帝、開漳聖王、鄭成功、大眾爺、元帥爺、義民爺、文昌帝君等，〔註4〕可知哪吒三太子非常早就成為了台灣民間普及信仰與尊崇的神祇。

如前章所述，哪吒起源甚早，且受到《封神演義》之影響，形塑出哪吒多元且特有的辨識符號。以現今台灣宮廟中所見的哪吒三太子主祀神形制，分為立身與坐身兩大類，立身者為呈現出較為動態、活潑、威武之形象，而座身者則顯得莊嚴而穩重。以台南麻豆太子宮的主祀哪吒三太子為例，即呈現出兩種形制，立身者身著武將戰袍、頭戴盔、右手持火尖槍、左手持乾坤圈、腳踩風火輪，這些形象皆符合神話中之描述，但身後之飄帶與雙手手腕上之金鐲，則有著佛教天衣與小說紅孩兒為觀音金箍所收之影子。而坐身者，則是盤腿坐於蓮花座上，右手持乾坤圈，左手如佛教合掌印般立於胸前（圖 48），雖廟方說法為此尊神像為蓮花太子，以哪吒借蓮花而重生之神話

〔註3〕吳瀛濤，《臺灣民俗》（臺北市：眾文圖書，1992），頁 48～49。
〔註4〕增田福太郎著，黃有興譯，《台灣宗教信仰》（台北市：三民出版社，2005），頁 108～111。

為本，但所其手勢、所坐蓮臺，以及盤腿形
制，更似佛教當中的蓮花形化生童子，僅以
手持之乾坤圈作為辨識此尊為哪吒三太子之
依據（圖49）。另如高雄三鳳宮之主祀哪吒三
太子，同樣呈坐姿，端坐於圈椅之上，但頭
戴非盔而是冠，身披武袍，右手捧腰帶，其
辨識符號為左手所持之乾坤圈，面容比之麻
豆太子宮，顯得更像少年而非童子（圖50），
而三鳳宮為鎮殿神像所披紅帶上繡「中壇元
帥」，顯然是該宮廟視哪吒以中壇元帥之神格
為主。兩間宮廟對於主祀神哪吒太子之信仰
功能形塑，也是多元而廣泛，從祈求平安、
護佑兒童，至工作事業運勢等等皆可祈求，
並不侷限於某些特殊功能，較為廣泛。

圖48：麻豆太子宮主祀
立身太子元帥與蓮花太子

圖49：麻豆太子宮蓮花太子

圖50：高雄三鳳宮主祀中壇元帥

　　另因哪吒三太子的神格身分多元，各地民間信仰的廟宇亦多以隸祀或配
祀的身份供奉，如苗栗白沙屯五雲宮將三太子供奉於主爐之後（圖51），新莊
慈祐宮供奉於中殿神桌之上（圖 52）、中港慈裕宮供奉於關聖帝君殿神桌上
（圖53），苗栗竹南龍鳳宮則是於後殿供奉有一組白玉神像，其中三太子像立

於媽祖像之前（圖54）。這些供奉方式皆為台灣民間信仰常見，其形制皆為立身，手持火尖槍、乾坤圈，腳踩風火輪等明顯辨識符號，其信仰功能近於顧爐守護香火或是神祇之先鋒官；而彰化大村田洋城隍廟之三太子同樣供奉於主爐後，但除了明顯圖像符號元素之外，更將之形塑成立身踏於馬上，以馬取代了傳統的風火輪（圖55）。

圖51：苗栗白沙屯　　　圖52：　　　　　　圖53：
五雲宮三太子　　　　新莊慈祐宮三太子　　中港慈裕宮三太子

圖54：　　　　　　　　圖55：
苗栗竹南龍鳳宮白玉三太子　　彰化大村田洋城隍廟騎馬三太子

　　此外,亦有隸祀之三太子,如嘉義大林義和隆天宮、桃園護國宮、崙背慈聖太子殿、艋舺慈航王府等,其中嘉義大林義和隆天宮的太子元帥為傳統之形制(圖56)、桃園護宮國太子廟則供奉有以小說內容為依據之三頭八臂太子(圖57),以盤腿姿態端坐於蓮花座上,八隻手臂各持火尖槍、乾坤圈等法器,艋舺慈航王府則供奉據廟方所稱是三太子託夢要求此形制之盤坐蓮花座,右手持蓮花,左手捏法指之蓮花太子像(圖58);也有以哪吒殺龍的神話為本的龍太子形制(圖59)。另甚為特別的是崙背慈聖太子殿,除主祀的太子元帥外,更於中殿供奉有五路開基小元帥,廟方又稱「楊五郎」,以傳統哪吒太子之姿態,卻另形塑分別持有不同法器,據廟方所稱是於2003年時,太子爺降旨指示五尊小元帥分別執掌而雕塑此形制,其信仰功能以不同法器之象徵包含有財富,智慧,健康等各層面,〔註5〕是一種以傳統哪吒太子延伸而出來的特殊太子形制與信仰(圖60)。

　　由此可見哪吒三太子在台灣民間信仰中,除了常見的傳統形制之外,亦以神話為本,或是信徒託以神祇託夢要求,而產生出不同的樣式與信仰功能,呈現出更多元的哪吒三太子信仰。當然,哪吒三太子的圖像符號仍影響了信徒對於所求心願的形塑基準,如因腳踏風火輪的形象,使得三太子成為

圖56:嘉義大林　　　　圖57:桃園護宮國　　　圖58:艋舺慈航王府
義和隆天宮三太子　　　太子廟三頭八臂太子　　　蓮花太子像

〔註 5〕據廟方所稱,五路小元帥以手持物件象徵分掌職司:手持天筆天書掌文、手持火煎槍乾坤圈掌武、手持通寶錢掌財、手持智慧令掌智、手持兩儀八卦掌才。參見雲林慈聖太子殿,《雲林慈聖太子殿開基五路財元帥2018年度特刊》(雲林:雲林慈聖太子殿,2018),神尊介紹頁。

圖 59：以哪吒
殺龍抽龍筋傳說
為本所刻的龍太子

圖 60：
崙背慈聖太子殿五路開基小元帥

職業駕駛人的守護神，以求行車平安。〔註6〕另童子造型則使信徒將其視為護祐兒童成長的守護神之一，常有信徒以奶嘴、糖果、玩具等供奉之（圖61），並以同樣物品與其交換，讓自家小孩可以透過使用或食用供奉過三太子的奶嘴糖果（圖62），護佑平安成長。

圖 61：
信徒以孩童喜愛之物供奉三太子

圖 62：大甲鎮瀾宮太子團紀念奶嘴
可供信徒索取並與太子交換

（二）紅孩兒

前述提到，哪吒三太子與紅孩兒及佛教化生童子，在神話文本當中有著

〔註6〕林茂賢，〈反映台灣人文特色的行業神崇拜〉，《傳藝》，82（宜蘭，2009），頁5。

重疊、融合與比較的狀態。在台灣民間信仰當中，哪吒三太子仍是最為普遍與為人所知的童子神祇，而與之比較的紅孩兒，並無特別之信仰呈現，但在部分的宮廟當中，仍可見到供奉有紅孩兒的單體式造像，如路竹慧賢宮二樓的觀音寺，在觀音菩薩前之神桌上，供奉有一尊紅孩兒，其信仰功能則與中壇元帥重疊，帶有為主神守護主爐之意味，其形制則與哪吒三太子相似，而手持法器略有不同，同樣為立身，背後有飄帶，面容童真圓潤，雙手各持一個金環，服飾與足部則因覆蓋於神衣之下，暫無辨別（圖 63），若非其底座上刻有「紅孩兒」字樣，極為容易將之視為哪吒太子，據廟方所稱該尊神像是1999 年建宮時即雕刻供奉，非別處分靈，廟方將其視為中壇元帥一類，該尊神像無特別祈求功能，但仍會在其前供奉一盤玩具，呼應紅孩兒孩童神的身份（圖 64）。

| 圖 63： | 圖 64： |
| 路竹慧賢宮供奉紅孩兒 | 廟方以玩具供奉紅孩兒 |

　　紅孩兒並非台灣民間信仰中常見之神祇，但從有供奉該神祇之宮廟來看，起源皆出自於明代神魔小說《西遊記》之文本，且出現於台灣民間信仰之時間並不會太早，形制則也同樣受到小說之影響，與哪吒三太子之形象略有重疊或相似，也較無特別之信仰功能，更像是應證了台灣民間信仰中萬神可拜之多元性。

（三）廣澤尊王

　　廣澤尊王是台灣民間信仰中，另一尊童子成神的廣泛信仰，民間又稱保安尊王、郭聖王、郭府聖王、郭姓王、郭王公、王公祖等，源自福建泉州，在

台灣是泉州人的鄉土神，〔註7〕相傳為五代後唐人，唐代名將郭子儀後代，幼貧以替人放牧為生。據《鳳山寺志略》記載：「神姓郭，名忠福……神年十歲忽攜酒牽牛，登絕頂古藤上蛻化」〔註8〕因其傳說，後世供像多以童子造形塑之，又傳說因其修成正果準備成仙而去時，其母不捨而抓其一腿欲拉之，因而呈現一腿盤起，一腿下垂之造型，故信眾又以「翹腳尊王」為其俗稱（圖65）。

其經過宋元明清數代推崇，逐漸朝向正信祀神演化，因其神威顯赫，官方陸續賜封，今聖號全稱「威鎮忠應孚惠威武英烈保安廣澤尊王」，信仰更遍及台閩、南洋各地。〔註9〕

圖65：
廣澤尊王神像辨識符號為翹腳

廣澤尊王雖為童子造型，但並非以護佑孩童為主要功能，其信仰功能可從封號當中略知一二，有因祈雨靈驗而受封「廣澤尊王」，或相傳因替雍正皇帝治病而封為「保安尊王」，可知信眾將尊王視以祈求多元信仰需求之守護神。

而廣澤尊王也因其神格提升，以及其廣泛形的護佑信仰功能，因此傳世造像多為端坐圈椅之正神形制並加以翹腳之傳說形象，成為廣澤尊王造像主要辨識之符號。如台南西羅殿為台灣廣澤尊王信仰中心，其主祀之廣澤尊王，端坐圈椅，在神衣與帽盔的披戴包覆之中，仍可見到廣澤尊王如童子般的圓潤面容，以及其翹腳之特徵（圖66）；另供奉於彰化南瑤宮後殿的廣澤尊王，因與台南西羅殿有密切關聯，因此其形制也與西羅殿相似（圖67）；而宜蘭員山廣興堂同樣也是主祀廣澤尊王，從其與主祀同體而未穿戴帽盔神衣的分靈神尊可見到，尊王端坐圈椅、面容圓潤、頭戴帽冠、身著錦袍、雙手置於

〔註7〕卓克華，〈鹿港鳳山寺──牧童化成神，信仰遍台閩〉，《新世紀宗教研究》，2：2（新北市，2003），頁232～272。

〔註8〕〔清〕楊浚，《鳳山寺志略》（《四神志略》），卷二傳略。見〔清〕楊浚撰；郭秋顯，賴麗娟主編，《冠悔堂集》（新北市：龍文，2017），頁2095。

〔註9〕姜義鎮，〈廣澤尊王信仰〉，《新竹文獻》，20（新竹，2005），頁134～150。

膝上、左腳踩獅，右腳為標誌性的翹起，雙眉濃厚（圖68），若非知悉廣澤尊王之神話內容，現今流傳之神像形制，其莊嚴之表徵更甚於童子之純真。但宜蘭員山廣興堂中另有一尊極為特別，號稱是全台唯一的牧童形制廣澤尊王像，乃是以傳說中郭聖王尚未成神時之牧童樣貌為造型，此像為立身站於石臺上，右手持牧牛時所用之竹竿，左手握繩圈，衣袖褲管捲起，雙腕雙踝皆有金環，雙臂有刺青彩繪，頭頂包巾，面容圓潤，與一般坐身的廣澤尊王相比，更顯得童真親切（圖69）。據廟方執事稱，此形制乃約於2009年建宮後

圖66：
台南西羅殿主祀廣澤尊王

圖67：
彰化南瑤宮後殿供奉廣澤尊王

圖68：宜蘭員山
廣興堂廣澤尊王分靈神尊

圖69：宜蘭員山
廣興堂牧童體廣澤尊王

沒多久，郭聖王降駕指示，希望有機會能雕一尊其牧童時期的聖像，後由三義木雕師雕刻完成後，此尊牧童尊王像並無特別祈求功能，也無降駕辦事，信徒若有事祈求多尋鎮殿或開基，但有出門巡境，並據聞有外地信徒看到此尊形制特別，刻意自己雕刻模仿，但並非由此分靈出去。另此尊亦有神奇傳說，當初此尊牧童聖王像雕刻完成後，前往廣興堂祖廟地小琉球開光，開光時因當初郭聖王要求雙臂要有刺青，但雕刻時刻痕太淺，上漆後不明顯，所以聖王不滿意故不給開光，後經彩繪明顯後才得以正式開光，這樣的傳說也為這尊特別形制的廣澤尊王增添了幾分信仰的神聖色彩。

除此之外，雖然廣澤尊王為童子成神，民間卻流傳著一段尊王浪漫定親的神話，尊王得民間信女青唉，後此信女坐化後與廣澤尊王結親並一同受香火供奉、濟世救人，世人尊稱「妙應仙妃」。〔註10〕從其形制、神話傳說、信仰功能來看，廣澤尊王神性看似並無拘泥於其童子形象當中。

（四）囡仔公

台灣民間認為人死後分為善鬼及厲鬼，也就是祖靈和厲鬼，或稱有緣鬼魂與無緣鬼魂，而無緣鬼魂又可分為無人祭祀的無祀孤魂，以及橫死的凶死亡魂，對於這種厲鬼，民間多以有應公或百姓公稱之，更進而建祠祭祀將厲鬼轉換為厲神。〔註11〕

而囡仔公為此類男童形陰神之通稱，非指特定對象，凡以未成年男童之身離世而受香火供奉者，皆可稱為囡仔公，其信仰傳說隨著每尊離世或成神經歷而不同，如台中廣天宮所祀之囡仔公：

> 本宮在未建之前，屬於靈地，有自然湧出的甘甜泉水匯集成的池塘，
> 某天有一位居住於附近之賴姓男童來水池戲水，不小心溺斃於此，
> 得到了地理，而在這邊修行……經王母娘娘居中協調，最後財神爺
> 扶鸞降駕指示，供奉囡仔公一同共享香火。〔註12〕

傳說中呈現該囡仔公與後至之財神爺趙公明欲爭奪寶地修行，後在王母娘娘協調下囡仔公納入財神廟中同祀。而囡仔公手中所持兵器九節鞭，據廟方所

〔註10〕台南永華宮官網：http://yonghua.vrbyby.com.tw/gods.php?infoid=83。點閱時間：109/02/21。

〔註11〕王志宇，〈台灣的無祀孤魂信仰新論——以竹山地區祠廟為中心的探討〉，《逢甲人文社會學報》，6（2003），頁183～210。

〔註12〕台中廣天宮官網：https://www.gtg.org.tw/about#knowGtg-theGods。點閱時間：107/12/21。

稱也是因此傳說而由財神爺趙公明將自身
兵器授予該囝仔公所持用（圖 70）。

圖 70：台中廣天宮供奉囝仔公

　　而南鯤鯓萬善堂的主祀神萬善爺，也
同樣是囝仔公信仰。相傳其原為一牧童，
以牧牛為生，因緣尋得一處風水地理，在
此地修行後，以童子身修成正果（圖 71），
後也同樣有著與南鯤鯓代天府五府千歲因
爭奪寶地修行而大戰之傳說，經觀音菩薩
協調，於此共享香火，現今也成為台灣著
名之囝仔公祭祀宮廟。其萬善堂旁水池中
央，亦設置有一牧童牧牛之造景，以應萬
善爺傳說（圖 72）。〔註 13〕有趣的是，在
台南歸仁童子軍廟也有著同樣的傳說，其
主祀神童子軍爺（圖 73），傳說本為在地牧童，名為賴安邦，後於 16 歲時於
當地得道歸西，也因與玄天上帝欲爭奪該地而爭執，後同樣在觀音菩薩協調
後，共同於該地分建宮廟，童子軍爺並成為玄天上帝之先鋒官，〔註 14〕而童
子軍廟後之水池亦設有牧童與牧牛之造景（圖 74）。

圖 71：南鯤鯓萬善堂
供奉萬善爺（囝仔公）

圖 72：
南鯤鯓代天府萬善堂旁水池所設置的牧童造景

〔註 13〕南鯤鯓代天府官網：http://www.nkstemple.org.tw/2012_web/2012_web_A2_3.
　　　　htm。點閱時間：107/12/21。
〔註 14〕見台南歸仁童子軍廟沿革碑記述。

圖 73：台南歸仁
童子軍廟供奉
童子軍爺之分靈神像

圖 74：
台南歸仁童子軍廟旁水池之牧童造景

　　這些傳說都有著相同的脈絡：一在地男童因故於當地得道修行，卻因後至之正神看中該地而與之產生爭執，之後在第三方母性神的居中協調下，雙方和解，由正神接納在地囝仔公共享香火，展現正神與地方童靈的糾葛淵源，或許也因為其傳說，使得這幾間廟宇的囝仔公形制，多為端坐圈椅，呈現如玄天上帝或王爺等正神般之樣式，除了面容顯得較為年輕之外，較難看出其他童子之辨識符號。

　　另外一個相似的囝仔公信仰為社子島威靈廟的主祀神囝仔公，其傳說則與廣澤尊王有異曲相似之處，同樣為牧童出身，但深諳藥理，後因緣於該地坐化而終，得道成神，成神後常顯孩童之像為地方百姓施藥治疾而得到百姓建廟供奉。〔註15〕其形制為端坐圈椅之坐姿，髮型服飾為孩童之髮髻肚兜樣貌，肚兜外著短袍，雙袖捲起，雙手手腕有金環，右手高舉持鈴珠，左手下壓捏法指。可能為傳說中並無受正神影響之部分，因此形制上仍保有孩童樣貌（圖75）。而在其側殿則供奉了該囝仔公的另一個形象，為一男童側身坐於麒麟之上，髮型服飾及手持法器與鎮殿主祀不同，但仍能看出其童子樣貌，並於底座刻有「威靈廟囝仔公」，證明了與主祀神相同之神格，而其形制明顯有著傳統吉祥圖像「麒麟送子」之影子（圖76）。

〔註15〕見社子島威靈廟沿革碑記述。

圖75：
社子島威靈廟主祀囝仔公

圖76：
社子島威靈廟囝仔公騎麒麟像

　　而這些的囝仔公信仰，也因其未成年男童之性格，部分有著護佑兒童的藉代作用，如上述的台中廣天宮囝仔公：「因囝仔公為童子修行，因此與小孩緣甚深，許多父母會前來祈求囝仔公保佑自家小孩平安長大」〔註16〕；又或者以其陰神信格或傳說形塑，造就其信仰功能廣泛而神通廣大，如南鯤鯓萬善堂囝仔公與五年千歲「大廟來進香，小廟必有敬」，有福同享，香火鼎盛，神威廣大，〔註17〕時至今日更發展出借發財金的求財信仰（圖77）；而社子島威靈廟之囝仔公則受本身傳說之形塑，也具有祈求治病之信仰功能。

圖77：信徒可向南鯤鯓
萬善爺求發財金

〔註16〕台中廣天宮官網：https://www.gtg.org.tw/about#knowGtg-theGods。點閱時間：107/12/21。
〔註17〕南鯤鯓代天府官網：http://www.nkstemple.org.tw/2012_web/2012_web_A2_3.htm。點閱時間：107/12/21。

（五）挾祀童子

　　挾祀神在台灣民間信仰中極為普遍，其供奉方式為侍於所屬之神兩側，手中多持有與所屬之神信仰功能相關之物件。常見的挾祀神有童子形、侍女形、武將形、文臣形，有兩兩相對，也有相互組合的配對方式，其中童子形的挾祀神多為兩兩立身相對，手持各式不同物件，出現在各類型不同的所屬之神身側，佛道二教之神祇皆有，包含有月下老人、定光古佛、文昌帝君、紫陽夫子、華佗星君、福德正神等，如大稻埕慈聖宮與台中樂成宮的月下老人，皆配有挾祀童子，慈聖宮之月老挾祀童子手持似六頁扇之物，以及手捧元寶（圖78），而樂成宮之月老挾祀童子則手持仙桃、靈芝、錦盒、蓮蓬（圖79）。

圖78：　　　　　　　　　　　　　　圖79：
大稻埕慈聖宮月老挾祀童子　　　　台中樂成宮月老挾祀童子

　　彰化市定光佛廟其主祀為定光古佛，有著佛教意涵卻又不完全是正統佛教，屬於台灣民間信仰中的高僧信仰，在其中殿前左右分別設龕供奉著一對挾祀童子，一尊手持禪杖，另一尊手持錦盒（圖80），龕前各設香爐供信徒參拜，但無特別祈求功能。廟方於其參拜流程將之稱為「右佛童（劍）」與「左佛童（印）」（圖81），但從童子形制看並無佛教韻味，較似世俗童子，稱呼可能為呼應定光古佛之高僧形象，從稱號看也不排除早年此兩尊挾祀童子手持之物為一般常見之劍與印，或是以傳統挾祀神既定印象之劍與印稱之。

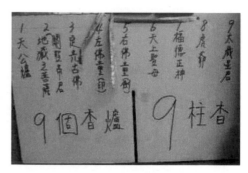

圖80：
彰化定光佛廟挾祀童子

圖81：彰化定光佛廟參拜流程圖
可見對兩童子的稱號

　　文昌帝君之挾祀童子則如麻豆太子宮、竹南保民宮、屏東慈鳳宮、艋舺龍山寺、彰邑關帝廟、彰化南瑤宮、台中樂成宮等皆有供奉。麻豆太子宮之文昌帝君挾祀童子，分別手持劍與書盒，並於神像之前設有「劍童」、「書童」等稱號牌（圖82）；竹南保民宮之童子則是分別手持卷軸與書盒（圖83）；屏東慈鳳宮的文昌挾祀童子，手持物則為印盒與書盒，其底座前刻有「印童」與「書童」之名號（圖84）；艋舺龍山寺的文昌帝君配有四尊挾祀神，其中兩尊為童子形，分別手持書盒與硯臺（圖85）；台中樂成宮、彰化南瑤宮、彰邑關帝廟等文昌帝君之童子，其手持之物均分別為毛筆書冊與墨條硯臺（圖86），其中彰邑關帝廟之童子更是在底座上刻有「天聾童子」與「地啞童子」的稱號（圖87），與一般以手持之物命名之挾祀童子不同。根據《歷代神仙通鑑》第十一卷「梓潼君」中記載：

圖82：
麻豆太子宮文昌帝君挾祀童子

圖83：
苗栗竹南保民宮文昌帝君挾祀童子

圖84：
屏東慈鳳宮文昌帝君挾祀童子

圖85：
艋舺龍山寺文昌帝君挾祀童子

台中樂成宮

彰化南瑤宮

彰邑關帝廟

圖86：台中樂成宮、彰化南瑤宮、彰邑關帝廟等文昌帝君挾祀童子

圖 87：彰邑關帝廟　　　　　　　　圖 88：
文昌帝君挾祀天聾地啞童子　　　　艋舺龍山寺紫陽夫子挾祀童子

梓潼君隨二童，曰天聾地啞真君，為文章之司命，貴賤所係，故用

聾啞於側，使其知者不能言，言者不能知，天機弗洩也。〔註18〕

由此可見天聾地啞屬於固定配對予文昌帝君之挾祀童子，並擁有「科考天機
不可洩露」與「文人需謙卑少語」之特殊意涵。

另艋舺龍山寺所供奉之紫陽夫子，為宋代儒學大家朱熹，其兩側之挾祀
童子，其所持之物分別為書冊與筆盒（圖88），於文昌帝君的挾祀童子手持
物同屬文房用品，應與紫陽夫子及文昌帝君的信仰功能皆與文相關而有所
關聯。

這樣的情形也從台中樂成宮及烘爐地土地公的挾祀童子亦有所見。台中
樂成宮所供奉之華陀仙師其挾祀童子，一人手持藥籃，一人手持藥缽，象徵
著採藥與製藥（圖89），配合著華陀仙師治疾療病的信仰功能；而烘爐地福德
廟在主殿後方之迴廊，供奉著福德正神與其挾祀「招財童子」、「進寶童子」，
兩尊挾祀童子一人手持元寶，一人手持聚寶盆，也呼應著信徒多來此地向福
德正神求財的心願，甚至廟方在兩尊挾祀童子的座前各安置著一個銅盆，以
讓信徒得以向兩尊童子求換錢母（圖90）。這兩個案例的挾祀童子同樣也是襯
托著所屬之神的信仰功能。

〔註18〕〔清〕徐道編；王秋桂、李豐楙主編，《歷代神仙通鑑》（台北市：臺灣學生，
　　　1989，林屋琈樓秘本），卷之十一，頁1835。

圖89：
台中樂成宮華陀仙師挾祀童子

圖90：烘爐地福德廟
土地公挾祀招財進寶童子

　　而彰邑關帝廟後殿的武財神趙公明，其兩側同樣供有挾祀童子，分別手持元寶與聚寶盆，其底座上則以篆書刻有「招財童子」與「利市童子」（圖91）。在台灣民間信仰中武財神趙公明為五路財神之中路財神，其餘四路分別為東路財神招寶天尊蕭升、西路財神納珍大尊曹寶、南路財神招財使者陳九公、北路財神利市仙官姚少司。而彰邑關帝廟的財神挾祀神，從其稱號來看，應是從南路財神與北路財神衍伸而來，改為童子之形制，除配合財神爺的信仰功能外，也從中可看出民間信仰造像隨著信徒需求與想像的可變性。

　　另在台南臨水夫人媽廟當中供奉的福德正神，其挾祀童子分別手持筆桿與元寶，但其龕前所稱之名則為「顧花童子」（圖92），民間信仰當中，顧花童子為協助花公花婆顧花之童子，此處所稱之「花」，象徵著身體健康、本命

圖91：彰邑關帝廟
武財神挾祀招財利市童子

圖92：台南臨水夫人媽廟
福德正神挾祀顧花童子

元靈與生兒育女。〔註19〕因此此兩尊顧花童子之名，因與所供奉之地為主管生育的臨水夫人廟有關，但其名卻與形制持物無關，也與所屬的福德正神關聯較小，實屬特別。

　　台南學甲慈濟宮後殿慈福寺，其供奉觀音菩薩之兩側，祀奉有四尊童子，手中所持之物分別為拂塵、木魚與兩尊手持蓮花（圖93），這樣的挾祀持物，其物件隱隱帶著佛教信仰意味，與所屬之觀音菩薩信仰呼應。而挾祀童子手中持蓮之圖像，在中國福建漳州侍王府通元廟的福德正神挾祀童子，也能見其手持蓮花之形（圖 94）。如前述所說，童子持蓮的圖像從佛教信仰起源，逐漸走入民間風俗，對於中國與台灣兩地的民間信仰，也有著連帶脈絡性的影響。

圖93：學甲慈濟宮慈福寺　　　　　圖94：中國福建漳州侍王府
觀音挾祀持拂持魚持蓮童子　　　通元廟福德正神挾祀持蓮童子

　　由以上可分析，挾祀童子是台灣民間信仰中，常見的童子單體式造像供奉方式，其供奉意義有著呼應與強調所屬之神的信仰功能，如治病、求財、

〔註19〕劉還月，《臺灣民間小百科・靈媒卷》（臺北市：臺原，1994），頁 186。

智慧功名等，當然亦有單純作為所屬之神的侍從，這從這些所屬之神也能夠
單純獨立出現在其他宮廟，而非一定需要挾祀童子的配置，以及此類挾祀童
子之形制與所屬之神無信仰功能上的關聯，因此可以說，挾祀童子的信仰功
能，更多是在於陪襯與加強，屬於一種附屬的意涵。

（六）劍童

　　如卜提及，挾祀童子是台灣民間信仰常見的供奉模式，其特徵是童子手
持各式不同的物件，用以呼應所屬之神的信仰功能或是作以侍從襯托其中，
手持劍與印是最為普遍的挾祀童子，俗稱「劍童」與「印童」。然而在台北松
山的王府劍童宮卻是以劍童為主祀，根據廟方所稱，其主祀神劍童為林姓信
徒感念劍童的護佑，而單獨自九份霞海城隍廟（昭靈廟）分靈迎請供奉為家
神，之後建宮逐漸成為地方公眾廟，此劍童本為王禪老祖的挾祀，故稱王府
劍童，而該廟也於三樓供奉土禪老祖，反映出其脈絡關聯。開基神尊為尺寸
較小的分靈神尊（圖 95），建宮後則新雕了一尊大型鎮殿主祀，形制則維持
原本挾祀童子的持劍立身樣，外貌則表現出象徵孩童形象的雙髻髮型、酒
窩，甚至還有雙下巴（圖 96）。地方信徒向其參拜祈求各式願望，如平安、事
業等，廟中亦有為信眾安太歲、點光明燈等民間信仰服務，屬於廣泛多功能
型的信仰。

圖 95：　　　　　　　　　　　　　圖 96：
台北松山王府劍童宮開基劍童　　　台北松山王府劍童宮主祀神劍童

此間王府劍童宮應是台灣唯一以劍童為主祀之宮廟，從挾祀提升為主祀神格，透露出台灣民間信仰當中，信徒的感受與神明的靈驗對於神祇信仰有著莫大的影響，這也是台灣民間信仰中特有的狀態。

（七）善財童子

挾祀童子因從屬於所屬之神的隨從，所以大多沒有特定的對象身分與信仰功能，少部分則因神話傳說或是信徒寄託，而為特定對象，並與所屬之神作以固定搭配，其中善財童子即為最著名之挾祀童子。

前述提到，善財童子起源於佛教信仰，並在《華嚴經》〈入法界品〉中的「善財童子五十三參」形塑出其主要形象，而其圖象也在佛經的傳說基礎當中，在經典、雕塑、繪畫、文學、戲劇、裝飾題材等各式載體中出現，並從佛教信仰影響到民間信仰體系而流傳至今。然而在漢傳佛教吸收了傳統佛教觀念與傳說後，除了依據原本的《華嚴經》〈入法界品〉外，更因佛教菩薩中國化後，呈現出的化現事蹟，使得善財童子成為了漢傳佛教四大菩薩中，除地藏菩薩外的普賢、文殊、觀音等三位菩薩的挾祀，[註20] 尤其以觀音菩薩左右挾祀善財與龍女，更幾乎是成為觀音菩薩供像的普遍圖像。在這樣的組合當中，善財童子受到觀音菩薩眾多化現之一的送子觀音影響，以及善財童子本身所具之男童、聰慧、善緣等象徵，部分信徒在參拜觀音時，也會順勢將祈子願望投射於善財童子之上，雖非直接向其祈願，但善財童子之形象也滿足了信徒心中的信仰需求。

綜合以上的神話形成與信仰功能，現今一般流傳之善財童子像，多為立身之姿，呈現雙手合十誠心求取智慧，或是隨侍之神態（圖97），部分並有如飄帶、蓮花臺等佛教符號（圖98），以及不可缺少的孩童髮型、肚兜服飾、童真圓潤面容（圖99），虔誠肅穆卻又不失童子可愛之形象，而少部分所表現之面容、服飾與帽冠，則較似青少年（圖100），透過圖像完整反映出其主要的信仰角色與功能。

（八）白鶴童子

在目前台灣民間信仰中，白鶴童子屬於較為特殊的童子像之一，此尊神祇並無詳細記載，曾出現於文學作品《封神演義》當中。民間相傳本為「福

〔註20〕陳俊吉，〈雷峰塔地宮玉雕童子像探究：五代善財童子異化的獨立造像〉，《玄奘佛學研究》，22（新竹市，2014），頁52～53。

圖97：
善財童子雙手合十，相貌虔誠禮佛

圖98：飄帶與蓮台
亦為善財童子等常見符號

圖99：善財童子具有
童子相貌與服飾等象徵符號

圖100：
部分善財童子面貌較似青少年

祿壽」三星中南極仙翁的坐騎或護法，有說法
本為一道童，後經南極仙翁點化而化身為白
鶴，另一說法為本象即白鶴，隨南極仙翁修行
得道後得化童子身。無論是由童子轉白鶴，或
由白鶴轉童子，目前能夠所見之白鶴童子像，
基本符號為童子騎於白鶴之上，其持拿之物與
裝扮也隨各廟造像不一。

圖 101：嘉義大林
義和隆天宮供奉白鶴童子

　　此神祇因其神話本源而在台灣民間信仰中
多為隸祀神，如嘉義大林義和隆天宮主祀雷府
千歲，當中即供奉白鶴童子，其形制為一披頭
散髮之童子，盤坐於白鶴背上，身著衣袍，右
手持拂塵，左手持葫蘆（圖 101）。據當地信徒
口述，此尊白鶴童子原是別處供奉，後因故轉
移來此，本僅在此地辦事，建宮後就一併供奉
於此，據稱早年有降世辦事，信徒多向其祈求
醫治疾病，但在乩身過世後就已無辦事。其信
仰功能應與其原主白鶴仙翁有所關聯，手持葫
蘆的形制也與其治病的信仰功能相關，配合沿
革碑廟史來看，此尊白鶴童子應是近 30 多年前
才成型的信仰。

圖 102：台中北屯
興建中之白鶴仙宮
房頂之白鶴童子像

　　另台中亦曾有一座私人宮壇主祀白鶴童
子，其名「白鶴仙宮」，後宮主於台中北屯修建
一座正式宮廟，其頂上即設有一尊白鶴童子像
（圖 102），以凸顯其宮廟主祀神明。目前因故
暫停施工，雖未正式建廟，但此仍為台灣少見
以白鶴童子為主祀神之信仰，其信仰功能仍以
民間信仰常見各式祈求為主。

（九）佛童子（嬰靈）

　　嬰靈是現今台灣民間普遍相信而存在，約莫於近 2、30 年所開始流行的
一種特殊信仰，所謂嬰靈為受孕而懷之魂靈，但卻因為某些原因無法順利出
世，如流產、夭折、墮胎等。嬰靈信仰相信嬰孩若因此無法順利出世，將心懷

怨氣或不捨，因已脫離前世之根，又未能順利出生以接今世，因此魂靈只能跟著無緣的今世父母，因而禍害陽世父母或使其心懷愧疚。

這樣的嬰靈信仰其屬性並非公眾，而是屬於私領域，較為隱晦且非常態性，甚至是避之唯恐不及，因此甚少造像供奉，一般多是在特定時間，如中元節、祭日（以嬰靈離世時間），或是確定胎兒無法出生的一開始，以特定儀式為其進行超度，希望是能消解其怨氣，使其能夠早日重新投胎，因為認為這樣的靈其實是不適宜留在陽世接受供奉的。但亦有持相反觀念的說法，認為應該設像供奉，除了提供陽世父母能持續懺悔的目標外，也希望藉由供養的香火，使得嬰靈能有安住修行之處，藉以提昇靈格，免受輪迴之苦。〔註21〕

因此台灣民間信仰中少見有為此類嬰靈造象供奉，目前僅見苗栗龍湖宮有此作法，其將嬰靈供奉於廟側「仁濟堂」中，並將之分為童男像與童女像，尊稱其為「佛童子」。供奉嬰靈的「仁濟堂」門口各立一尊男女童塑像以作展示（圖103），形制與佛教觀音菩薩挾祀之善財童子與龍女並無二異，童子同樣立身站於蓮臺，背有飄帶，身著肚兜無褲，赤足雙手合十，雙腕與雙踝有金環套之（圖104），堂內設置有數個玻璃櫃，各櫃內供奉數十尊小尊的佛童子像，每尊各有立牌書寫供養人與佛童子之姓名等資料，作為個別嬰靈供奉之載體（圖105）。此類型造像之信仰功能也並非祈求實現心願，而是藉此使其受納香火、早日超脫，屬於台灣民間信仰中，少見且有特定信仰功能之童子像。

圖103：
苗栗龍湖宮供奉嬰靈之仁濟堂門口

圖104：
苗栗龍湖宮佛童子形制

〔註21〕苗栗龍湖宮官網：http://www.souls.org.tw/main-011.html。點閱時間：107/12/21。

圖 105：苗栗龍湖宮受供奉之佛童子（嬰靈）

（十）童子爺

台南的全臺首邑縣城隍廟，是建於清初的古蹟廟宇，在其主殿兩旁供奉有全台僅有的「童子爺」，其為泥塑，分為男童和女童的形制。據廟方所稱，是玉皇大帝派遣天庭的金童玉女下凡來輔佐城隍，並作為兒童的守護神。

其形制皆為立身，兩尊造像分別為男童頭戴太子帽，右手持令牌、左手握龍珠，而女童則是頭戴鳳冠，兩者皆為立身（圖 106）。廟方為其穿戴的神衣中有許多的口袋，信眾會在其

圖 106：台南的全臺首邑縣
城隍廟供奉童子爺（男女童）

口袋中留下零錢，象徵著能讓童子爺購買糖果餅乾，帶有哄小孩的意義。

而童子爺作為兒童守護神，也與多數守護神一樣，以收「契子」的方式來護佑兒童平安成長，所謂「契子」是台灣傳統社會中，透過作為神明的契子，而得神明護佑的保兒習俗。〔註22〕據廟方所稱，童子爺所收的契子，超

〔註22〕片岡嚴著、陳金田譯，《台灣風俗誌》（台北市：眾文圖書，1990），頁 195～196。

過 6000 人，每年童子爺聖誕時，都會從各地回來城隍廟中祝壽答謝。

這種以童子形神祇作為保兒信仰的寄託，有著一種以形求形的意味，也透過以物供奉安撫的儀式行為，實現自己的所求心願，童子爺的保兒信仰功能，在莊嚴肅穆的警世氛圍中，增添了一絲柔和的童真撫慰。

圖 107：彰化和美羅子宮主祀甘羅太子開基神

（十一）甘羅太子

甘羅為戰國時秦國左丞相甘茂之孫，以聰明機智著稱，為戰國時著名神童，民間相傳「甘羅十二為相」，意指甘羅十二歲時受拜為宰相。而台灣民間信仰中，竟有以甘羅太子作為祀神之宮廟，若以傳說甘羅十二歲即亡，以及其神童的身分，亦可將之視為童子神祇。彰化和美羅子宮即主祀甘羅，因其童子神之神格，故廟方尊稱為「甘羅太子」，因緣際會分靈自恆春南天宮，迎請至彰化和美以甘羅太子之名建宮「羅子宮」已 27 年，當地人亦將之稱為太子元帥。其形制為端坐圈椅、身著錦袍、頭戴帽盔、右手舉起半握拳掌心向外、左手置於膝上，似一般正神端坐形制，較無童子特徵（圖107）。甘羅太子於該地固定時間降世辦事，亦有出巡，其信仰功能屬於多功能類型，信徒能向其祈求各類心願，亦因其神童傳說，前來祈求功名之信眾也不少，但因信眾亦將之稱為太子元帥，故常為人誤認為哪吒三太子，台南中興宮之主祀神即將中壇元帥與甘羅太子神格合而為一。

圖 108：麻豆代天府東嶽大帝殿挾祀甘羅太子爺

另相傳甘羅太子為東嶽大帝的護法，因此在麻豆代天府的東嶽大帝殿，即挾祀有甘羅太子，其形制立身、左手執笏、右手扶腰帶、身著朝服、頭戴官帽，脫離了童子樣式，反而更似青年文官（圖108）。

　　甘羅太子的信仰並非常見,是台灣民間信仰中將歷史人物,因其個人特色升格成神的信仰模式,但也因為其「太子」的稱號,使得神格與哪吒三太子混淆甚至融合,反映出「太子」的稱號似乎已成為哪吒所專用,而甘羅太子在台灣民間信仰中的信仰功能,也因此深受影響。

(十二)孩兒爺

　　孩兒爺是民間信仰中的特殊童子神祇之一,非常態性供奉,傳統是由戲班或軒社所收藏,遇有祭典演出前才取出或祭祀或作為道具使用,屬於戲曲業所專有之民間行業神,又稱之為「戲神」、「喜神」或「老郎神」。

　　此信仰起源甚早,清楊懋建《夢華瑣簿》中記述:

> 余每入伶人家,諦視其所祀老郎神像,皆高僅尺許,作白皙小兒狀
> 貌,黃袍被體,祀之最虔。〔註23〕

可知清代中國已有這樣的戲神信仰。其稱號有著許多傳說故事,約可分為「授藝說」與「殤子說」,其中「殤子說」更蘊含了對於生命與子嗣的追求意味。〔註24〕但無論為何種傳說,此類戲神形制大抵為一孩童形造像,在中國各地多有以軟身形制呈現,〔註25〕所謂軟身,即是該造像之四肢各關節皆可活動。

　　而在台灣戲曲界,亦曾有這樣形制的孩兒爺造像,如北港集雅軒所收藏清末之孩兒爺軟身造像,其雙手缺失,小腿部分脫落,但從其關節仍可知其為軟身造像,面容圓潤飽滿,頭頂髮髻,呈現童子樣貌,背後有一方孔蓋,正面並刻有其生殖器,從其一併收藏之褲子,可知該像於使用時是會將其穿著衣褲(圖109);另一尊則為台中豐原民間收藏孩兒爺,此尊較為完整,手足俱在,從各關節可看出明顯為軟身造像,其連腳板亦可活動,頭部面容與髮型呈現童子樣貌,背部有一長方形孔蓋,正面刻出下體生殖器痕跡,雙腕與雙踝刻有套環(圖110),俱藏家稱此像本為豐原某軒社所有。

〔註23〕張次溪編,《清代燕都梨園史料》(北京:中國戲劇出版社,1988),上冊,頁374。

〔註24〕相關傳說請參閱康保成,〈中國戲神初考〉,《文藝研究》,2(北京,1998),頁47～49。

〔註25〕河南各地多以「莊王爺」為戲神:「莊王爺是桃木刻就,尺許高,童面赤身,背後腰眼處有個黃豆大的孔,胳膊腿是活的,會動會坐」,淮陽地區其戲神偶像是:「用木頭雕個小孩模樣,屁股有個小洞,胳膊腿都是活動的」。轉引自康保成,〈中國戲神初考〉,《文藝研究》,2(北京,1998),頁46。

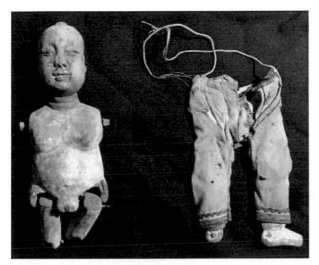

圖109：
北港集雅軒收藏清木孩兒爺軟身像與其布褲

圖110：
台中豐原民間收藏孩兒

由這兩件藏品之形制外觀、收藏來源所見，皆符合文獻記述之戲神，也可見中國傳統戲神信仰，也同樣流傳並影響至台灣民間戲曲發展與童子像的運用。

（十三）城隍大二少爺

城隍本為中國古代對於城牆的屬物信仰，後逐漸擬人化而有了人形神格，並賦予主管幽冥界與地方冤屈的信仰功能。而信徒在虔誠供奉之餘，也將人間生活投射到了城隍爺身上，為其配對夫人，甚至衍伸出了城隍爺的兒子、女兒、媳婦等家族群體，如新竹都城隍廟的後殿，即祀奉有城隍夫人與大二少爺。大二少爺即為城隍爺的大公子與二公子，其形制皆為軟身神像，手持摺扇與布片（圖111），平日安奉於龕內受信徒參拜供奉，若遇城

圖111：
新竹都城隍廟供奉大二少爺

隍爺繞境出巡，則由大二少爺先行出巡路線，此外較無其他的信仰功能。

　　大二少爺的供奉，反映出了百姓對於神祇的情感投射，本無該編制的神祇，卻因為人們認為神也如同人一樣，有著情感與家庭的需求，不應孤單一人，因而為其設想出了家庭編制，並賦予其任務，使得在供奉時，也能感受到一家團聚的溫馨圓滿。

（十四）雙尊相連童子

　　一般常見的童子形神祇，多為單一童子像，但在苗栗白沙屯五雲宮，卻有一尊罕見的雙尊相連的童子造像，當地人稱拔少爺或少爺，其稱號連廟方亦不知其來源，根據廟方沿革碑記所稱，此像為建宮時期即供奉。

　　其形制為兩尊童子相互搭肩牽手，身著肚兜無褲，露出生殖器，髮型與面容呈童子貌，兩人腳踝皆有金環（圖112），平日則著一件神衣包覆二人，並各自頭戴圓帽（圖113），供奉於持劍的天宮娘媽座前，此像形制與中國福建泉州日月太保極為相似。日月太保是泉州特有的信仰神祇，根據其祖廟泉郡日月太保宮碑記紀載（圖114），此神祇相傳是南宋末代兩位皇帝趙昰和趙昺，因國破逃難行乞至泉州而不得其入，最後兩人陸續過世殉國，因泉州為趙昺封地，泉州居民易朝換代後感念前朝，而在一堡碼頭旁設立此廟，也成為了泉州獨特的童子信仰。除日月太保宮外，泉州的安海龍山寺、安平橋水心

圖112：苗栗白沙屯
五雲宮拔少爺（無著衣）　　　　　圖113：苗栗白沙屯
五雲宮拔少爺（著神衣）

亭、甚至漳州東橋亭亦有供奉此像，因其傳說，因此多為帶著一個布袋象徵其乞討的經歷（圖115），安海龍山寺更將之稱為「愛笑爺」，源於因兩位孩童皇帝受苦行乞並殉國，太過苦難而取愛笑之名，希望撫慰平衡其受苦的一生，也因為其孩童形象，而職司護佑小孩能夠平安成長好笑面，而泉州民間的佛具店亦可見販售日月太保神像（圖116），可見此信仰深入中國福建泉州民間。

圖114：
中國福建泉郡日月太保宮碑記

圖115：
中國福建泉州安海龍山寺、安平橋水心亭、漳州東橋亭供奉之日月太保

圖116：中國福建泉州佛具店「西方國」所售日月太保

　　白沙屯五雲宮的拔少爺與泉州日月太保相比，雖然缺少了布袋乞討的元素，但其雙尊相連的形制卻是一致，而其所供奉位置的天宮娘媽殿，其楹聯「天宮寶殿顯坤儀，娘媽慈靈賜麟鳳」，隱含著護佑生育的信仰功能，同樣供奉在這空間當中的拔少爺應也有著童子保兒的信仰功能，與泉州日月太保互相呼應，另五雲宮當地人俗稱「富美宮新大巡」，考究相同宮名，福建泉州富美宮為泉郡王爺廟的總攝司，五雲宮同樣為王爺信仰，藉此推論拔少爺應也與兩地脈絡有著相當的關聯性。

（十五）三哥爺

　　在嘉義東石副瀨富安宮，供奉有一尊約莫 6 吋大小的立身童子像，當地人稱「三哥爺」，廟方將之安奉於蘇府王爺神像胸前，看似蘇府王爺懷抱著三哥爺，當地有一說法為三哥爺是以前住在附近的孩童，不幸掉到水池裡淹死，爾後因會作弄地方鄉民，因而讓蘇王爺收服留在身邊修行，所以其像才會綁在蘇府王爺胸口，亦有認為其是天神的部將，但來歷卻不甚清楚。無論如何，三哥爺孩童的形象還是十分具體，其形制為立身，身著短袍與長褲，面容清秀，廟方為其穿戴神衣與神帽，遮住大部分身形（圖117）。據聞三哥爺會降駕辦事，乩身會表現如孩童般型態與話語，信徒亦會以糖果餅乾供奉。

圖 117：
嘉義東石副瀨富安宮供奉
三哥爺安奉於蘇府千歲胸前

　　同樣的神尊在嘉義西安宮以及東石鄉型厝村福安宮亦有供奉，地方甚至流傳一句與三哥爺相關的俚語：「三哥仔爺興甲會吃糕仔」，表示三哥爺靈驗到會自己動手將供奉的傳統糕點「糕仔」打開來吃，形容神明靈驗並彰顯信徒對其之崇敬與虔誠。

（十六）飛天童子

　　飛天童子本是佛教用語，指稱以飛天形式出現的童子形態，但在台灣民間信仰中，也因為社會演變與信徒需求，產生了屬於台灣民間信仰的飛天童子。溪頭龍山廟供奉有一尊飛天童子，其形制為一立身童子像，翹起單腳立

於雲朵底作之上，右手劍指，左手捧著一隻鴿子，其身後廟方立有一令旗，
當中寫有「風雨免朝、鵬程萬里、山中飛鳥、一飛沖天、飛行千里、四季見
飛」等字樣。據廟方說法此神祇為保佑賽鴿之神（圖118），其本是家神，在
賽鴿盛行的年代由鹿港的某佛具店分靈而來，主要是祈求保佑賽鴿一切順利，
有種類似台灣民間信仰中韓信爺（偏財神）的信仰功能，後來建宮後陸續分
靈至北部。前兩年老神像退神化掉，另重新雕刻了現在這一尊神像，目前祭
祀祈求功能仍以保佑賽鴿等為主。

　　此尊飛天童子應為目前台灣非常特別之孤例，傳統並無此形制與功能之
神祇，明顯為滿足信徒實際祈求心願，而創造出來的一種新型態神祇，這也
反映了民間信仰的功能性取向，使得造像形制與信仰功能不一定需依循傳統
宗教的脈絡，廟方能夠提出一套說法並滿足信眾需求，即可有其信仰族群願
以香火供奉之。

圖118：
溪頭龍山廟供奉飛天童子

圖119：
南投市鳳凰寺供奉鐵甲神童

（十七）鐵甲神童

　　南投市鳳凰寺主祀西天佛祖，在其側殿供奉著特殊的鐵甲神童，其形制
為立身，身著戰甲戰袍，頭戴帽盔，右手高舉持五頭蛇，左手持棒形器於腰

間,右腳踏獅(圖119)。根據當地信徒所稱,此尊鐵甲神童在地人又稱「鐵甲將軍」,起源於彰化,其稱號是因為一個孩子穿鐵甲戰鬥的緣故,推論應和早年族群械鬥有關,但為何手持特殊的五頭蛇,此圖像形成原因暫不可考。而此尊神祇之信仰淵源,以口訪信徒年齡與說法推算,至少在40年代時,已有此尊神祇信仰之存在。其特殊形制與信仰則反映了在地的特殊歷史脈絡,屬於台灣民間信仰中,在地發展出的一種特殊童子信仰神祇。

(十八)誕生佛

如前所述,誕生佛為佛教信仰中地位最為崇高的童子神祇,根據佛典記述,誕生佛具有如童子立身、雙手指天地、龍吐水、七朵蓮花等符號元素,也因為誕生佛在佛教信仰中屬於具特定時間性的指稱對象,在於表徵佛初生之時的莊嚴神聖,現今佛寺所供之佛,多為悟道成佛之姿作為參拜禮佛之對象,而誕生佛的造像運用多用於紀念。根據佛經典故,以佛誕日為浴佛節,信眾於此日以水瓢澆水淋於此童子像上,以為浴佛,象徵著信眾對於佛陀諸像之一的誕生像之禮敬,這也成為誕生佛像的主要信仰功能。

因此在台灣純粹的佛教寺院中,僅部分有誕生佛的供奉,如中和圓通禪寺即供奉有一尊誕生佛之像,其形制右手指天、左手指地,赤足立身站於蓮臺之上、上身坦露右肩、斜披褂巾、露出雙腿、面容童真圓潤,蓮臺周邊另環繞著六朵蓮花(圖120),完全符合了佛誕像的標準辨識符號;另苗栗獅頭山勸化堂與饒益院中,亦供奉有誕生佛像,同樣皆為立身,赤足立於蓮臺之上,雙手分指天地,皆赤裸上身,僅以布裹下身,惟勸化堂之誕生佛面容更似童子,且右手臂有綁帶裝飾,眉間有佛陀三十二相中的眉間白毫相,饒益院之誕生佛則呈現佛陀三十二相之頂髻相,均表現出誕生佛的佛相(圖121)。而台灣佛教著名山頭佛光山,則僅在佛誕日時請出誕生佛像,以供信徒浴佛禮敬用(圖122)。

圖120:
中和圓通禪寺供奉佛誕生像

圖 121：
獅頭山勸化堂與饒益院之佛誕生像

圖 122：
佛光山浴佛像

　　另在台灣佛道二教極為興盛，除了純粹的佛教寺院之外，因為傳承脈絡與歷史背景而融合了佛道二教義涵的民間信仰宮廟，在神祇供奉、儀式操作上，亦有佛教信仰身影的出現。因此如大甲鎮瀾宮雖主祀媽祖，但因其歷史脈絡，於每年佛誕日時，亦同樣會請出誕生佛像，進行浴佛法會。〔註26〕

　　這樣的誕生佛像，其造像雖為童子，但非為活潑之姿，而是以呈現佛陀之莊嚴神聖為主，突顯了佛教信仰對於佛自生致死的一生表露出崇高敬意，這樣的圖像在佛教盛行的台灣，透過浴佛儀式的執行，也傳遞了對於佛法推崇，同時也展現了台灣民間信仰的多元性。

（十九）其他童子（與主要受祭祀對象有信仰功能關聯）

　　台灣民間信仰空間中，有一類童子神祇，與挾祀童子相似，並非主要受祭祀對象，但童子的安奉設置卻與同空間中的主要受祭祀對象有著密切的信仰功能連結，甚至從其形制上亦能襯托主要受祭祀對象，但卻又不如挾祀童子為一對出現。這類型的童子，如大龍峒保安宮以及大稻埕慈聖宮，均在註

〔註26〕大甲鎮瀾宮臉書粉絲團：https://www.facebook.com/Dajiamazu/posts/25336748
　　　　03310882。點閱時間：108/05/12。

生娘娘殿供奉著童子，保安宮為軟身童子，身著衣褲、雙足著鞋、頭戴霞冠、雙手捧花、身披數枚玉飾，全身裝扮富貴華麗，安奉於註生娘娘座前，並置於衣玻璃龕中保護（圖 123）；而慈聖宮的童子，同樣安奉於註生娘娘座前，雖然是置於玻璃龕中，並以神衣包覆，僅露出造像的頭部，但從其髮式與面容來看，仍可清楚辨別為一童子（圖 124）。此兩尊童子所供奉之處，均有祈子佑兒、順產平安的信仰功能，安奉童子像於此處，更有著藉由童子的新生、男童、福相等象徵符號，強化信徒希望求得子嗣、宜男，以及祈願幼兒平安的願望，再加之如保安宮童子手中所捧之花，在台灣信仰民俗中亦有以花朵象徵子嗣的習俗，〔註27〕以及其華麗裝扮，雖兩者均無直接向其供奉祈求，但這樣的供象卻更加深了信徒借此希望求得子嗣以及後代富貴安康的心願。而本研究之標的——艋舺龍山寺之持蓮童子像，亦屬於此類供像，將於後文詳細述之。

圖 123：大龍峒保安宮
註生娘娘殿供奉軟身童子

圖 124：
大稻埕慈聖宮註生娘娘殿供奉童子

〔註27〕 蔡佩如，〈花、女人、女神：臺南市臨水夫人廟換花儀式的性別意義〉，《民俗曲藝》，149（台北市，2005），頁 115～173。

　　另在台中樂成宮的財神殿所供五路財神的座前，供奉有一尊招財童子，此尊童子像呈現立姿站於一座聚寶盆上、左腳墊高踏於元寶、髮長及肩、頭頂束冠、身著袍褲、左手上右手下撐開一幅，幅上刻寫「招財進寶」四字（圖125），底座上並刻有「招財童子」以名此尊童子之稱號。信徒前來此參拜時，亦有於此尊招財童子座邊供奉糖果奶嘴、玩具彈珠等符合孩童喜好之物（圖126），另也在其聚寶盆上放置有錢幣，從其形制與稱號來看，均為襯托此殿之主五路財神，雖非信徒主要祈求對象，但就其所供之物來看，信徒仍一視同仁的以所好之物供奉，希望加強實現自己於此求財的心願。而從此財神殿開光安座的時間於 2005 年來看，〔註28〕此尊獨特的招財童子供奉時間，亦不會早於此時。

圖125：台中樂成宮
財神殿供奉招財童子

圖126：
信徒以糖果餅乾玩具供奉招財童子

二、附屬配件式童子造像

　　除了單體式的造像之外，童子圖像亦廣泛以附屬配件方式出現在祭祀用造象當中，即在主體造象的身側或身上，出現童子圖像，與主體造像搭配突顯或附帶主體的信仰功能，亦或是根據傳說而形塑出此類圖像。就目前台灣民間信仰當中的附屬配件祭祀類童子圖像，可見到如下類別：

〔註28〕台中樂成宮官網：http://lechun.org.tw/Beauty/Buildinghistory.aspx。點閱時間：
　　　　109/02/28。

（一）送子觀音

觀音菩薩是台灣民間信仰當中，極為重要的一尊神祇，其本源自佛教，但在佛教漢化之後，觀音菩薩逐漸產生了形象上的變化，除了由男變女的外型轉變，從而由外而內的徹底轉變為女性神祇，〔註29〕更有甚至在《首楞嚴經》與《法華經》中詳細的描述了觀音應化示現的三十三種形象化身。〔註30〕而觀音菩薩的信仰，基本上可分為佛教化與民間化兩大類，佛教化指的是佛教信仰中的觀音，信徒認知為佛菩薩，具有明確的角色指向與信仰認知，民間化則是民間信仰系統裡的觀音，信徒將之視為多功能的信仰崇拜。〔註31〕

送子觀音即是民間觀音信仰系統中的其中一類，從各式文物出現的時間來看，至少自明代開始即可見到此類造像，如台北故宮所藏的「明代青銅鎏金抱子觀音菩薩坐像」（圖127），以及廈門蔡氏漆線雕公司所收藏的「清代送子觀音像」（圖128）。在中國民間廟宇當中也廣泛的出現，如福建漳州的文昌宮與東橋亭，皆供奉有送子觀音像（圖129）。而在台灣的民間信仰宮廟中，亦有不少供奉有送子觀音的宮廟，或主祀或隸祀，如台南永康大灣觀音廟、新塭嘉應廟、新竹法蓮寺、屏東林邊下庄角三法寺、屏東慈鳳宮、台北劍潭古寺、苗栗天靈寺、金山萬里情月老廟等，均有供奉送子觀音像。此類送子觀音最大的辨識符號即為觀音手中所抱之童子，童子或抱或捧，形制呈現嬰孩型，亦有幼兒型，手中所持之物也有不同，如毛筆、元寶、波浪鼓、壽桃，亦有雙手合十，服式則有衣褲型以及肚兜型，而其因由觀音手抱或捧，因此姿態多為曲腿斜坐，亦有雙腿合併曲坐的樣貌（圖130），展現了孩童的活潑姿態，或者為虔誠禮佛之姿，與本研究標的之艋舺龍山寺持蓮童子像有著相似型態。

此類童子圖像依附於觀音像上，主要用意在於突顯出觀音眾多信仰功能中的祈子、送子等職司，透過童子的表徵，讓信徒祈願能祈求觀音為己送來如此可愛之子嗣，更以童子手中所持之物，代表著所求之子能添加康健福壽、聰明智慧、活潑天真等附加願望。雖非供像之主體，但也因為有童子像的附加，使得此類觀音菩薩的信仰功能更為突顯與明確。

〔註29〕相關研究參閱王儷蓉，〈普門化紅顏——中國觀音變女神之探究〉，台灣大學中國文學研究所碩士論文，台北市：台灣大學，2004年。

〔註30〕觀音女神化的討論，參見于君方著；陳懷宇、姚崇新、林佩瑩譯，《觀音：菩薩中國化的演變》（台北：法鼓文化，2009），頁66、324～383。

〔註31〕林美容、蘇全正，〈臺灣的民間佛教傳統與「巖仔」的觀音信仰之社會實踐〉，《新世紀宗教研究》，2：3（新北市，2004），頁20～21。

圖127：明「青銅鎏金
抱子觀音菩薩坐像」

圖128：
清「送子觀音像」

圖129：中國福建漳州文昌宮、東橋亭供奉送子觀音

圖 130：台灣民間信仰中各地送子觀音像

（二）童子拜觀音

前述提及佛教信仰中著名的善財童子與觀音菩薩的淵源，以及在民間信仰中配置的祭祀方式，以挾祀出現的善財童子多與龍女搭配一對出現在觀音菩薩兩旁，但在台灣民間信仰中，觀音菩薩旁的童子還有另外一種單獨出現的形式，俗稱：「童子拜觀音」。其圖像原型即為佛教信仰中觀音菩薩與其眷屬善財童子的組合，後因神魔小說西遊記的影響，此類圖像亦增加了觀音收服紅孩兒的元素，如童子手足均有金環等，依據陳俊吉的研究，此類圖像題材早於盛唐即有出現類似題材，約莫至宋代開始成熟發展。〔註32〕筆者以此論點為基礎，佐以田野調查材料，亦可證明觀音信仰所發展出的多元圖像，除了有著深厚的文化歷史底蘊之外，在廣度上也隨著信仰的傳播而深深影響著台灣民間信仰。

圖131：台中廣天宮
童子拜觀音像

這樣的圖像多以觀音為主體，身旁配置有一尊向觀音參拜的童子，童子可立可跪，其身下多有蓮花臺，或是隨立於觀音身旁之物，如波浪、山石等，童子雙手合十，面容童真中帶有著對觀音的虔誠之情（圖131）。而此類圖像的表現方式，可見以觀音菩薩為主體，童子作為附屬配件的造像，亦有一般家庭神明廳、佛堂等祭拜用的神明彩類型（圖132）。

此類圖像因包含著童子與觀音等辨識符號，雖非送子觀音式的手抱童子，但仍會有信眾將兩者視為同類，具有同樣的信仰功能，而

圖132：家庭神明廳
童子拜觀音神明彩

<hr>

〔註32〕陳俊吉，〈童子拜觀音的起源論爭〉，參見覺風佛教藝術文化基金會官網，網址：https://www.chuefeng.org.tw/article/DcK7XQrrHeffp3LXH。點閱時間：109/03/03。

這樣的圖像也在台灣民間信仰中佔有一席之地。

（三）土地公婆

　　土地公又稱為福德正神，為民間信仰中常見之神祇，雖然屬於低位階之神格，但也因為其掌管土地護佑，與平民百姓息息相關，屬於地方保護神而廣受信眾崇敬與親近。因信眾的移情投射作用，在台灣民間信仰中也可見為土地公配對了土地婆，使得土地婆也成為了土地公信仰中的常見元素。

　　因為土地公信仰貼近百姓的日常生活，其供奉也極為廣泛，俗稱「庄頭庄尾土地公」，因此信眾們逐漸發展出了向土地公求財、祈福、保平安等多元信仰功能，甚至祈子保兒的功能在部分地區也被賦予在土地公與土地婆身上。而要突顯這樣的信仰功能，最為直接的圖像呈現方式，即在土地公或土地婆造像上添加童子像。此種類型造像起源透過文物所見，至少於明代即有，如廈門蔡氏漆線雕公司即收藏有一尊明代的土地公帶童子像（圖133），而台灣民間信仰中亦流傳有土地公帶童子之造像，如鹿港北土地公廟的土地公，即牽著有一尊童子像，此童子甚為可愛，僅著上衣而下半身未著褲，露出了生殖器，有著祈子得男與護佑地方兒童的意味，同時手持元寶，亦有呼應此處土地公求財賜財的信仰功能（圖134）。

圖133：
明代土地公帶童子像

圖134：
鹿港北土地宮廟土地宮手牽童子像

　　除此之外，或許是因為土地婆母性神祇的特性更適合與孩童相關的信仰功能，因此土地婆帶童子的造像比之土地公，數量顯得更為眾多，如豐原鐮仔坑後山腳福德祠、東勢東關路福德祠、東勢福安祠、新竹芎林茶亭福德祠，以及國史館台灣文獻館中，均供奉或收藏有帶童子的土地婆像。這些童子或牽或抱，形制有幼童型，亦有襁褓中嬰孩型，手中有持玩具、佛珠，也有雙手合十的姿態（圖135），其中東勢東關路福德祠的說明牌上，即明確指稱此為「抱子伯母」，其信仰功能為如自家長輩般護佑地方兒童的平安；〔註33〕而新竹芎林茶亭福德祠更被地方百姓與信徒以「送子廟」稱之（圖136），突顯了此處祈子送子的信仰功能。

圖135：台灣民間信仰中各地土地婆帶童子像

〔註33〕參見東勢東關路福德祠說明牌。

圖136：新竹芎林茶亭福德祠「送子廟」路標

（四）子安地藏

地藏菩薩是佛教眾多菩薩之一，傳入中國後，因其「安忍不動如大地，靜慮深密如秘藏」而得地藏之名。據《地藏菩薩本願經》記載，地藏菩薩於過去久遠劫前，曾許下「發願盡未來際不可計劫，度脫六道罪苦眾生」之大願，因而佛教徒多以「眾生度盡、方證菩提；地獄不空、誓不成佛」來形容地藏菩薩，並因此尊稱其為大願菩薩，且主管幽冥地府之事，之後更與觀音、普賢、文殊等菩薩一童被列為「漢傳四大菩薩」而廣為人知與崇敬。

而地藏菩薩信仰約莫是在平安時代傳入日本，並於鎌倉時代逐漸滲入至民間信仰，出現了以救護兒童亡魂及佑兒育子的功能，日本稱之為子安地藏或育子地藏。此類型造像，〔註34〕多以地藏菩薩沙門型，再附加孩童於其身旁手上，呈現出日式地藏菩薩信仰的表徵（圖137）。

圖137：日式風格的
子安地藏石雕像

〔註34〕佛光大辭典編修委員會編，《佛光大辭典》（高雄縣：佛光，1988），第3冊，頁2318～2320。

　　在台灣民間信仰當中，子安地藏之信仰較不流行，但屬於日式真言宗佛寺系統的台北北投普濟寺，於主殿旁即供奉著一尊石雕立身，手持禪杖的比丘像。其附屬之童子，以手抱於胸前，雙腿合攏坐於地藏臂上，手中捧著一球形物，看似無衣物紋飾（圖138）。據寺方沿革記載，此尊石像即為昭和年間由日本訂製送來此供奉的子安地藏，其信仰來源、形制，皆是標準的日本佛教風格。然其形制與中國之送子觀音具有相似的辨識符號，因此寺方也在其沿革志中，加註其為「送子觀音」（圖139），代表也認同此尊子安地藏亦蘊含著祈求子嗣、護佑兒童的意涵在其中。

圖138：
北投普濟寺供奉子安地藏像

圖139：
北投普濟寺沿革志關於子安地藏記錄

（五）婆者（婆姐）

　　若論及育兒信仰，在台灣民間信仰中的配祀神中，以十二婆者最為人所知。婆者又稱為婆姐，為地域口音之異，所指對象皆為臨水夫人手下三十六位宮女，此三十六位宮女據記載為閩王所賜：「其封靖姑為順懿夫人，食古田三百戶，以一子為舍人。靖姑辭讓食邑不受，乃賜宮女三十六人為弟子……」〔註35〕此三十六位宮女即為後世所傳之三十六婆者，而十二婆者則為其簡化之型，此後這些婆姐就跟在臨水夫人身邊助其斬妖驅邪、助產護兒。

〔註35〕文引〔晉〕陳鳴鶴《晉安逸志》，轉引自徐曉望，《福建民間信仰源流》（福建：福建教育，1993），頁334。

　　台灣常見配祀在臨水夫人或註生娘娘身邊,同享香火,所見配置方式有完整的三十六尊,簡化的十二尊,亦有一對或兩對的供奉配置。其信仰功能如上所說以協助臨水夫人或註生娘娘的護兒助產為主,如同保母一般,帶著受到臨水夫人與註生娘娘所護佑的所有孩童圍繞身旁。其圖像形制呈現為年紀老少不一的婦女或老嫗,採立身姿態,隨身帶著嬰孩幼兒,或抱於手上、或立於身旁、或攀於身上(圖140)。孩童所著衣物也不盡相同,或開襠褲,或較端莊童服,並手持各種玩物,以此表現不同年齡的孩童活潑體態(圖141),象徵著所有年齡層的孩童都能得到護佑。信徒向其參拜時,一來希望得到這些母性神祇的護佑,二來也希冀自家小孩能如十二婆者身邊童子一般活潑、健康的成長,有著一種形象借代與投射的意涵。

(六)壽子財

　　壽子財一般民間俗稱為「福祿壽三星」,屬於中國傳統的星辰信仰,分別代表著福氣、功名與長壽,後又與歷史或傳說人物相互結合,逐漸人型化,是在華人領域中極為受歡迎的吉祥圖像。也因為其形制,福星多著華麗官服,手持如意元寶之財富樣;祿星則如員外樣貌,手中常捧有一童子;壽星則為禿髮白鬚、面容紅潤的老人,手持枴杖壽桃,因而人們又稱其為「壽子財」。〔註36〕

圖 140:台灣民間信仰中各地婆者像

〔註36〕北京東方收藏家協會,《中華收藏家辭典》(北京:北京燕山出版社,1996),頁 85～86。

圖 141：台灣民間信仰中各類型婆者附屬童子像

　　其中祿星手抱童子之圖像，源於被賦予了「張仙送子」之傳說形象，流傳自《金臺紀聞》：

　　　　世所傳張僊像者，乃蜀王孟昶挾彈圖也。初花蕊夫人入宋宮，念其
　　　　故主，偶攜此圖，遂懸於壁，且祀之謹。一日，太祖幸而見之，致
　　　　詰焉。夫人跪答之曰：「此我蜀中張僊神也，祀之能令人有子。」
　　　〔註37〕

此後張仙送子傳說遂流傳於世，並成為了民間常用之吉祥圖像，並逐漸與祿
星形象結合，形塑出了祿星抱童子的形象，以及送子之吉祥象徵。

　　　壽子財三星在中國傳統當中是廣受歡迎的信仰題材，因此可見造像以供
奉（圖 142）。而台灣民間信仰當中，則是多將之視為吉祥圖像運用，少部分

〔註37〕　〔明〕陸深，《金臺紀聞》。收錄於新文豐公司編輯部編著，《叢書集成新編》
　　　　　（台北市：新文豐，1985），87 冊，頁 673。

有單獨造像（圖143）。其中祿星手抱童子，穿著裝扮雖不盡相同，手持之物也各有差異，甚至具有時代風格，但外貌童真可愛，仍舊反映出了信眾借童子圖像，將祈子願望投射其上的吉祥意涵。祿星之信仰功能也透過童子圖像的襯托，得到了送子信仰的強化並成為固定辨識符號。

圖142：壽子財供像　　　　　　　　圖143：祿星捧童子供像

（七）林府仙子

　　除了傳統信仰與吉祥圖像具有童子符號之外，台灣民間傳說亦融合了傳統信仰以及地方傳說的元素，將童子圖像加入其中，形塑出屬於台灣在地的民間信仰神祇。

　　位於台南曾文溪堤防旁的安定仙子廟，其中所主祀之神安定仙子，以一具名姓之林姓姑娘成神傳說成形，其來歷由主神林府仙子降駕記述。因其認送子觀音為主，因此建廟後，信眾將林府仙子與結拜靈姊妹生娘媽，〔註38〕均雕以和送子觀音相似的手捧童子形制。林府仙子盤坐蓮臺，右手持拂塵，左手抱童子（圖144）；其結拜姊妹生娘媽則同樣盤坐蓮臺，卻是左右手皆各抱一尊童子（圖145），此三尊童子像均著衣褲鞋襪，較似幼童而非嬰孩（圖146）。兩尊母性神也因傳說與童子像的附屬配置，使得被賦予了具有護佑兒童的信仰功能。

〔註38〕參見安定仙子廟沿革碑記述。

圖144：
台南安定仙子廟主祀林府仙子

圖145：
台南安定仙子廟供奉生娘媽

圖146：林府仙子與生娘媽手捧童子像

　　林府仙子就神格上來看應屬於陰魂成神的陰神系統,此為台灣民間信仰
當中常見的無祀孤魂信仰。在這類無祀孤魂信仰中,不知姓名的通常發展有
限,多半在民間印象仍會停留在屬鬼信仰,而有名有姓有來歷的無祀孤魂,
則更容易轉換為屬神之神格,得以從鬼發展為神祇。〔註39〕再加之林府仙子
女性神祇的表徵,以及其認送子觀音為主的傳說,使得信眾自然而然的將送
子觀音形象與之融合,並以手抱童子之形制,強化了其與送子觀音的連結,
連帶也造就了林府仙子的信仰功能。

（八）戰水英雄

　　前述童子附屬形制的神祇造像,多半在傳統信仰以及地方風俗當中即以
成形,並透過童子添加或強化了主像具有祈子保兒的信仰功能。然而台灣民
間信仰中具有另一種童子圖像附屬的祭祀神祇,並不具有祈子保兒的信仰,
其附屬童子圖像的出現是為了真實反映傳說內容並以之記念而形塑,最具代
表性的莫過於口湖萬善爺廟的萬善爺。

　　此處所稱的萬善爺是一種陰魂集合體的信仰神祇,是為了紀念清代道光
25年（1845）,於金湖地區（現今雲林口湖）一帶發生的大海嘯災難,史料
上又稱「六七水災」。當時這場災難造成金湖地區死傷慘重,萬善爺廟即供
奉記念此災難中的罹難者,而廟中之主祀神又稱「戰水英雄」。相傳為當地
陳姓先民,本於遇到水災時欲返家救援老母,卻發現老母以被大水沖垮之
房屋壓斃,悲慟之餘,聽聞隔壁孩童哭聲,前往探查時,發現即將溺斃的
八名孩童而奮勇搶救,然卻仍不幸與孩童一同被大水溺斃,其善心救援的
英勇事蹟後被當地人尊稱「大萬人」或「戰水英雄」,〔註40〕並依傳說內容
雕塑其背負八名孩童之塑像,人稱「九頭十八手」並供奉於萬善爺廟內（圖
147）。

　　此尊造像真實呈現了傳說內容,戰水英雄立於波濤之間,雙手拄杖,身
上背負著八名孩童,孩童表情呈現出水災當時的驚慌害怕（圖148）,而戰水
英雄則是表情堅毅的扛起救援的責任,堅定前行,透過孩童的表情,彷彿可
以感受當時的災難氛圍,令人為之心酸與不忍。

〔註39〕王志宇,〈台灣的無祀孤魂信仰新論——以竹山地區祠廟為中心的探討〉,《逢
　　　　甲人文社會學報》,6（台中,2003）,頁183～210。
〔註40〕曾人口主撰,《金湖萬善同歸誌》（雲林縣:金湖萬善爺廟管理委員會,2008）,
　　　　頁128。

圖147：口湖金湖萬善爺廟戰水英雄　　圖148：戰水英雄身上童子表情

　　童子圖像作為此尊塑像的附屬，並非如前述欲襯托加強主像之祈子育兒功能，而是真實呈現傳說內容，所強調的是戰水英雄的英勇事蹟。此種透過傳說形塑真人成神的信仰，屬於台灣民間信仰當中一種重要特性，戰水英雄非自然與非正常的死亡狀態，本應成為厲鬼，但卻因其在世時的英勇高超的品德，使其具有完美的人格象徵，進而轉化為神格而受百姓香火供奉。〔註41〕自鬼昇而成神，戰水英雄的形象在其身負童子的形制中，深刻的烙印在百姓信徒的信仰記憶當中。

第二節　非祭祀類型童子圖像與信仰功能

　　除了祭祀用的造像之外，台灣民間信仰當中尚出現有不少非祭祀類的童子圖像。所謂非祭祀指的是不具備有香火供奉的儀式功能，而是在寺廟宮殿的空間當中，以建築裝飾、造像、器物造型、彩繪等方式出現，主要功能為裝飾，用以豐富整體信仰空間。其中部分題材與該空間中或物件的信仰功能有所關聯，亦有單純以童子作為裝飾題材的呈現，將之以如下分類闡述之：

〔註41〕李豐楙，〈從成人之道到成神之道：一個臺灣民間信仰的結構性思考〉，《東方宗教研究》，4（台北市，1994），頁188～196。

一、建築裝飾類

在宮廟寺院建築當中，因為其信仰空間的神聖性，除了大小木構件外，廟方常會在空間內配置許多裝飾圖樣，而這些圖樣多以立體圖方式呈現，描述各種歷史典故或是吉祥意涵，而童子圖像於其中可分為附屬配件類以及主體呈現類。附屬配件類之童子多是圖像主體中的陪襯或隨從，常見如以一武將手持旌旗，以童子騎於獸上並捧一盤，盤上有繡球與香爐，兩者所呈現的即為吉祥圖像「祈求吉慶」中的「祈（旗）求（球）」（圖149）；以及前述的壽子財圖樣，祿星即手捧一尊童子，以堆塑或剪黏方式增添廟宇的吉祥意味（圖150）；另如「仙人餵鶴」、「煉丹濟世」、「醫仙扁鵲」、「財神送寶」等（圖151），均是以童子作為主體隨從或陪襯的吉祥題材與人物描繪。

圖149：
彰化南瑤宮石雕吉祥圖像

圖150：
學甲慈濟宮壽子財剪黏

圖151：童子附屬型裝飾石板

　　而主體呈現類的則以童子為題材主體，可分為吉祥圖像、具體指稱對象，以及單純裝飾童子。吉祥圖像意涵又分主題式：如「五子奪魁」、「五子奪蓮」（結合五子奪魁與蓮生貴子），以及「麒麟送子」（圖 152）等，皆為常見且可明確辨別的童子主題吉祥題材；以及象徵式呈現的童子像，如童子持蓮與持芭蕉葉或是嬰戲圖，有著招福招財、多子多孫之吉祥意義（圖 153）。其呈現方式包含了石雕、堆塑、剪黏、木雕等技法。另具體指稱對象的童子圖像，如桃園護國宮太子廟的三川殿石雕即呈現了哪吒三太子的各式神話故事題材（圖 154）。而單純裝飾之童子像，如口湖蚶仔寮開基萬善祠在廟額兩側之童子（圖 155），以及新竹法蓮寺殿前門楣上的飛天童子（圖 156），均屬單純的童子裝飾，並無特別的身分或意涵，筆者認為此為台灣民間建築常用正面光明圖像之特性，因而選擇了同樣有著此類特性的童子作為裝飾性圖像。

圖 152：童子主題型裝飾

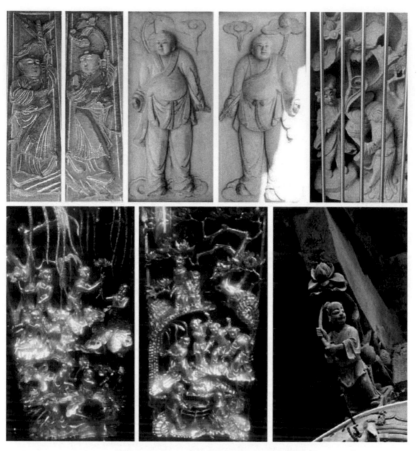

圖 153：吉祥象徵童子裝飾

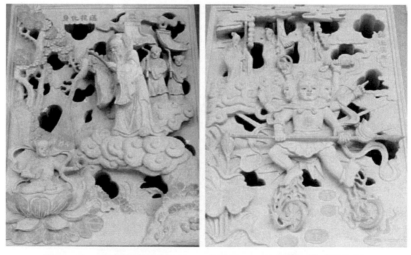

圖 154：桃園護國宮太子廟哪吒神話題材石板裝飾

圖155：口湖蚶仔寮　　　　　　　圖156：新竹法蓮寺
開基萬善祠廟額兩側裝飾童子　　　殿前門楣上飛天童子

二、器物裝飾類

　　童子圖像的裝飾，亦出現在台灣民間信仰的器物之上，此類的器物裝飾形，主要以香爐為主。以目前所見，如雲林台西安西府、雲林四湖參天宮、大崗山新超峰寺、屏東楠樹腳天后宮、埔里恆吉宮、學甲慈濟宮等，均有以童子作為爐耳的裝飾樣式呈現。筆者認為此乃爐耳常用正面、光明、吉祥象徵之圖像，如龍、象等之另一形式，代表著童子圖像也同樣有著此類既定印象。其中大崗山新超峰寺、屏東楠樹腳天后宮、埔里恆吉宮以及學甲慈濟宮，其爐耳童子為持劍與持印，帶有前述挾祀童子的意味（圖157）。依據各香爐制作之年代，亦可見此類香爐早自20世紀初即出現，〔註42〕並至今仍為香爐裝飾所用的題材之一。

　　另雲林台西安西府與雲林四湖參天宮兩座宮廟，則有著形制相似的顧爐童子香爐，其童子均為兩兩相對，雙手攀附爐口、雙足蹬於爐身，身上紋飾僅著肚兜無褲，童子髮式為兩支沖天辮，額上一小搓頭髮（圖158），另兩間宮廟廟方均為童子披上披帶或肚兜，並有信徒於其面前擺放糖果零錢（圖159）。雖然此類顧爐童子並非祭祀祈願對象，但一來其形塑的極為具像，彷

〔註42〕此類香爐從目前田調材料所見，以學甲慈濟宮及埔里恆吉宮為早，學甲慈濟宮之石爐與廟口石獅同時期，而石獅上刻有年款為昭和年間；另埔里恆吉宮建宮於清末，明治33年遷移至現址，大正13年重建後入火安座，以台灣民間信仰多於重大修建時，一併增置宮內文物的習慣推論，該石香爐應於日治時期約20世紀初設置。此述埔里恆吉宮之年代，參見邱正略，〈戰後初期埔里地方信仰活動復振風潮〉《逢甲人文社會學報》，36（台中市，2018），頁89。

圖 157：台灣民間信仰各地劍印童子爐耳

圖 158：雲林安西府與
參天宮相似之顧爐童子

圖 159：
顧爐童子前的糖果零錢供品

佛真實童子攀於爐邊，二來應有感念其辛勞顧爐的意味在其中，因此兩間宮廟的信徒與廟方均以此方式為此顧爐童子表露信仰中的人情味。

圖160：
艋舺龍山寺禮斗上裝飾童子像

除了香爐之外，民間信仰中拜斗儀式所使用的物件──斗，也出現有童子裝飾的圖像。所謂的拜斗，源自於道教信仰，蘊含著道教對於宇宙天地的自然信仰，儀式意涵為將斗主的元辰寄於斗內，並以各式法器物件護佑著斗主元辰。而斗身上亦會刻上神祇或是相關圖像，以為護佑之意，如艋舺龍山寺的安斗儀式所用的主斗斗體上，即刻有一手持拂塵之仙人，仙人兩旁立有兩童子，一童子持拂塵，另一人則持葫蘆（圖160），此童子圖像之配置，似前述之挾祀童子，屬於附屬類的裝飾用圖像。

三、單體造像類

童子型單體式造像，除了前述具有祭祀祈願的功能之外，台灣民間信仰中另有一類較似於裝飾類的童子單體式造像，其功能主要為設置於廟內空間，僅部分具有儀式意義，或者與同空間之供奉神祇有幫襯關聯，但多為裝飾用途，而共通之點皆為非受香火供奉祭祀之對象。包含北港朝天宮、大稻埕慈聖宮、大龍峒保安宮、台南大天后宮、士林慈誠宮、新竹天王寺財神廟、台北法主公廟等均有此類型之童子圖像。

其中，新竹天王寺財神廟、士林慈誠宮、台南大天后宮、北港朝天宮等廟宇的持蓮童子像意外的相似，甚至相似的形制在海外如馬來西亞檳城極樂寺、中國福建漳州法因寺、中國福建泉州天后宮中（圖161），均可見到。這些持蓮童子像，均為立身站於蓮臺、蓮葉或木底座上，身有肚兜紋飾無褲，雙腕雙足配環，一手持蓮花，一手持壽桃，但台南大天后宮與北港朝天宮是將此類型童子各配置一對於註生娘娘殿，以持蓮童子的吉祥圖像意涵襯托註生娘娘的祈子保兒信仰功能；新竹天王寺財神廟則是將配置一對持蓮童子像，並稱為「招財童子」、「進寶童子」，在其座前設置進寶箱以讓信徒能夠換錢母；士林慈誠宮則是於正殿設置四尊此童子像，僅空間擺飾而無特殊功

圖161：各地相似之持蓮童子單體式裝飾造像

能。這些宮廟寺院均為之穿披神衣肚兜，或是掛上彩球，部分如士林慈誠宮、北港朝天宮等亦有信徒於童子腳前奉上孩童喜愛之糖果鞋子等物件（圖162），可見此類型童子雖為裝飾性造像，並無香火祭祀與祈求功能，但信徒廟方仍會投射以祭祀情感而以物供之。

而其彼此間的形制相似性是否有其淵源關聯，因此批宮廟之間並無明確的往來連繫記錄，所在國家地區並無地緣脈絡關

圖162：信徒供奉糖果餅乾鞋子等孩童喜愛之物

係，所主祀之神祇信仰功能亦差別甚大，童子之間雖然相似卻仍有些許差異性，筆者不排除為製造匠司的模仿並融合了傳統持蓮童子形制之意涵，亦或是單純巧合而造就此現象。

　　另台北法主公廟於其三清殿左右兩側，奉置有一對錫製的持蓮童子像，該組童子手持蓮葉與蓮花，另一手捧果盤，盤中有象徵多子的石榴與長壽的壽桃，披袍而袒胸露腹，著短褲赤足立於鰲頭，頭綁雙髻而面露笑容（圖163）。大稻埕慈聖宮亦有設置一對與此相似形制之持蓮童子，其安放於主殿虎邊一側，與法主公廟持蓮童子之差異在於此組童子並無持蓮葉，僅有蓮花，手持之物則為元寶與香囊，另廟方為童子披掛串珠（圖164）。此兩間宮廟之持蓮童子具有多種吉祥圖像符號，純粹為裝飾之用而無任何供奉祭祀之物。

圖163：
台北法主公廟錫製持蓮童子

圖164：
大稻埕慈聖宮錫製持蓮童子

　　台北大龍峒保安宮則設置有兩組不同類型之裝飾性童子像，一組為設置於太歲殿內的蓮花童子，其頭戴小冠，雙腳赤足，單腳站立，另一腳抬起彎曲，一手持戟，一手握拳於前，其旁花瓶內插有一對蓮花，分別為盛開與花苞形態（圖165）。另一組錫製童子則是收藏於保安宮辦公室內，形制為童子持蓮跨坐麒麟之上，廟方立牌稱之為麒麟童子（圖166），明顯套用著麒麟送子的圖像意涵。據兩組童子像的底座刻款可知，均為大正年間（1912～1926）

所立，由其擺放位置皆為兩側或偏旁之處，且未有受香火供奉或信徒祈求之情形，可知其功能則皆為吉祥圖像的裝飾性用途而非祭祀供像。

而新竹天王寺財神廟因其求財之信仰功能，廟方於廟前設置了一對石雕運財童子，其形制為童子挑著扁擔，兩端各掛一桶財寶，身著衣褲布鞋呈行走樣，胸前掛有一囊戴上刻「福」字，其基座上各刻有「招財」、「進寶」（圖167），廟方亦為此像設計了求財儀式（圖168）。此組童子像非用於祭祀參拜，但其名與儀式則是呼應此宮廟之信仰功能，裝飾與強化意義皆有之。

圖165：台北大龍峒保安宮太歲殿蓮花童子

圖166：台北大龍峒
保安宮麒麟童子

圖167：新竹天王寺
財神廟石雕運財童子

圖168：石雕運財
童子求財儀式說明

四、彩繪類

　　彩繪是宮廟中裝飾性圖像最常呈現的技法，而台灣民間信仰空間中，常可見到的童子題材的彩繪門神。此類童子門神，並非如非如秦叔寶、尉遲恭或四大元帥等特定對象，而是以童子為表現主體，將童子與手持之物所蘊含的各式正面意義，或是呼應該空間的祭祀神祇，作為吉祥與襯托，以及類似挾祀童子的圖像意義而出現。如台中樂成宮的文昌帝君殿、月老殿、財神殿、華佗殿，以及新竹城隍廟法蓮寺、台北松山劍童宮、社子島威靈廟、苗栗竹南保民宮、桃園龜山壽山巖觀音寺、雲林土庫順天宮等，均能見到此類童子門神，其以手中所持之物，如旌旗、繡球、長戟、玉磬、書卷、元寶、芭蕉葉、劍、印、拂塵、葫蘆等物，呈現出了童子門神所象徵的吉祥意味（圖169）。

圖169：台灣民間信仰中各式童子門神

　　另在台北汐止玉勒紫明代
天府建凌宮五大巡總廟其主祀
神為五府千歲，在主廟一旁另設
有萬善堂供奉著萬善爺，整體配
置與南鯤鯓代天府一致。而萬善
堂的門神呈現一對牧童騎於牛
上，一童子吹笛，另一人則牽牛
持禪杖（圖170）。雖無法確定此
題材緣由，但竟意外地與台灣民
間信仰中其他相似神祇組合的
圖像傳說有所雷同，筆者推測或
許是將他處此神祇組合的相關
傳說套用至此地，〔註43〕再藉以
創作出現此類題材。

　　另有一類門神與童子圖像
相關，但並非主體而是屬於附屬
配件的類別，此類圖像以四大元

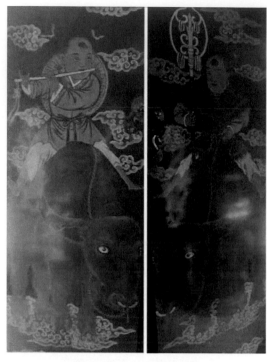

圖170：台北汐止玉
勒紫明代天府建凌宮萬善堂童子門神

帥門神中的高元帥為代表。高元帥，其諱員，位居九天監生司，《三教源流搜
神大全》記載其受封為「九天降生高元帥」，由此稱號可知高元帥在道教信仰
中，職司天下生育之事，掌管催產保生送子，是雷霆諸帥之中專管生育的元
帥。〔註44〕因此在四大元帥門神當中，可見一元帥手捧童子的圖像出現，此
即為高元帥，如嘉義市白蓮宮、雲林虎尾持法媽祖宮、台北大龍峒保安宮、
新北永和保福宮等四大元帥門神，當中有高元帥雖外型不同，但均手捧童
子，此童子即為高元帥的辨識符號（圖171），亦為以童子圖像強調其監生、
送子、保產的信仰功能。

〔註43〕雖然汐止玉勒紫明代天府建凌宮及其萬善堂的信仰配置，與南鯤鯓代天府萬
　　　　善堂相似，但據廟方執事人員所稱，其信仰來源並非南鯤鯓，而是源於福建
　　　　晉江五大巡祖廟，且該地並無相關萬善爺與五府千歲之傳說，因此萬善爺與
　　　　五府千歲之信仰配置應非源於福建晉江，且汐止該廟據稱為建宮之初即有萬
　　　　善堂，而萬善堂為祭祀在地陰魂，極有可能是混合了在地傳說與他處傳說的
　　　　綜合性信仰。
〔註44〕〔明〕佚名撰，《繪圖三教原流搜神大全：外二種》（上海：上海古籍出版社，
　　　　2012），頁217～218。

圖 171：各地高元帥抱童子門神

　　而彩繪類童子圖像除了門神之外，在宮廟的信仰空間中亦有童子彩繪的出現。此類彩繪童子或以附屬或隨從的方式，襯托主體的信仰功能或相關吉祥題材，如新竹竹蓮寺的天花板與牆壁，有著數幅壁畫，呈現出如「麻姑獻壽」、「加官晉祿」、「南極星輝」、「詩禮傳家　子孫滿堂」等吉祥主題；亦有如「少司命」、「十二婆者」等蘊含求子育兒之信仰功能之特定角色題材（圖172），均以童子圖像作為配件附屬的角色。

　　另有以童子為表現主體的廟宇彩繪裝飾，如麻豆太子宮樑架上，即彩繪有一對童子圖像，手持火尖槍、乾坤圈，身披渾天綾，腳踏風火輪，明顯是在以主祀神哪吒三太子作為彩繪題材；桃園護國宮太子廟中殿內，其柱子與牆面彩繪有多幅以哪吒三太子為主題的《封神演義》故事題材（圖173），亦同樣呼應著主祀神祇中壇元帥的形塑文本；而汐止玉勒紫明代天府建凌宮的萬善堂，其廟額兩側的牆面，龍邊彩繪題材為一對牧童騎牛過河，虎邊則為三位童子嬉戲捉迷藏（圖174），則有可能套用了他處萬善爺的相關出身傳說。

圖172：新竹竹蓮寺附屬童子型裝飾彩繪

圖173：桃園護國宮太子廟三太子題材彩繪裝飾

圖174：汐止玉勒紫明代天府建凌宮萬善堂童子題材彩繪裝飾

小結

台灣民間信仰的區域與中心性格

　　若探究台灣民間信仰的成形與發展,當中所包含的神祇、儀式、神話傳說、崇敬意涵等信仰內容,均與中國傳統信仰有著脈絡上的關聯性。早期的中國神明信仰並無將神明進行明確分類,而是歸類到三教系統中,也就因此無法呈現出形成其信仰的文化獨立性格。而與中國信仰文化有著脈絡關聯的台灣民間信仰,在文化認知上存在著「一統性格」與「區域性格」的問題,一統性格與中國的正統意識有密切關係,透過長久文化融合,產生出一個龐大的文化整合體系;區域性格則是由種族與地緣的差異性所形成的獨特文化,真實存在但常在一統性格的壓制中被忽略,台灣民間信仰就在這兩種性格間有著多重運作的可能性。

　　而台灣的民間信仰文化之於中國漢民族文化圈,雖在地理位置上屬邊陲,但在文化活動來說卻有中心的價值體系,因此台灣的民間信仰文化既有邊陲的區域性格,也有自我成為中心的一統性格,經由社會化的制度性轉移,邊陲與中心有著互動式的統整與實現,也就是小傳統的民間崇拜,與大傳統的文化互相交流與融合,擴展出更豐富的生存空間。〔註45〕

台灣民間信仰中童子圖像的傳統與創新

　　此理論亦能從台灣民間信仰當中的童子圖像分析得出,作為傳統文化表徵之一的童子圖像,在本研究的田調材料中可以看出三大特點:一為童子在傳統當中常見為成人附屬的特性,無論是裝飾類的故事題材或是挾祀的童子,均蘊含著隸屬於成人的象徵;二為承襲了傳統童子形的吉祥圖像意涵,諸如持蓮童子、麒麟送子、多子多孫等,延續了傳統中國文化對於童子圖像的信仰認知與表徵寄託;三為「童子」乃常用的信仰與裝飾題材,但或許是因為童子在傳統觀念中的非主流與低調,因此總在不經意間輕易忽視,但若此細探索,仍能發現無論是單體祭祀造像、附屬祭祀造像、裝飾圖像中均能見到童子的身影,而這些特點,同樣的與傳統中國文化有著密不可分的關聯性。

　　然而,台灣民間信仰中卻也能發現在這樣的傳統脈絡當中,發現到蘊含

〔註45〕鄭志明,〈臺灣民間信仰的神話思維〉《民間信仰與中國文化國際研討會論文集》(台北市:漢學,1994),頁97~103。

著台灣本土的圖像與信仰發展足跡，如因應台灣社會發展或是台灣本地傳說
而發展出的童子信仰神祇，以及台灣本土藝術涵養風格而形塑出的童子圖像
等，使得台灣民間信仰當中的童子圖像，在歷史傳統脈絡當中發展出一套有
著自身特色的獨特信仰圖像，這樣的分析透過如戰水英雄、林府仙子、囝仔
公等信仰造像可得到印證。

童子圖像形制來源之分析

而信仰功能的建立與圖像形制以及神格屬性有著關聯性，台灣民間信仰
中的童子形象，其圖像形制來源約可分為兩大類，一為依據其傳統神話傳說
而來，如廣澤尊王、哪吒三太子、誕生佛等，此類圖像多流傳已久並深植人
心，有著高階神格，其祈求功能廣泛而多元；另一類為依據地方傳說或信徒
需求而形塑，如飛天童子、佛童子（嬰靈像）、鐵甲神童等，屬於創新且形象
多變的童子信仰圖像，形象變動性較大，少見其出現於傳統神話當中，信仰
功能多為信徒附加或地方傳說，並融合了傳統童子形象的借代關聯性。

具備身分及端坐圈椅的童子神格與信仰功能

在這樣的分類基礎上，透過田調材料分析也可看出，具有姓名或特定指
稱對象與否，是影響童子信仰造像之信仰功能與形制的重要因素。名與指稱
對象的設定，如套用在單體式祭祀造像，大多具有悠久歷史或特定神話形塑，
如哪吒太子、廣澤尊王、囝仔公、甘羅太子等信仰，不僅神格因為長久發展
且有神話影響，使得信仰功能趨於多功能化，也多能見到端坐圈椅的形制，
而面貌則呈現更似青年的成熟穩重而非童子的天真活潑，應是呼應其神格的
莊嚴，象徵著此類造像已具有較高之神格與廣泛多元的信仰功能；若是挾祀
或隸祀造像，雖非座身端坐圈椅型制，但也在其陪襯的角色功能中，增添了
特定性的信仰功能，如天聾地啞童子、善財童子、童子爺、招財利市童子、孩
兒爺等童子信仰，皆如此類。

傳統童子信仰中的多元變異性及其圖像來源

除此之外，台灣民間信仰的造像在其形制上，又能見到另一種獨特現象，
常有特定信仰的傳統圖像，融入信徒想像與需求，呈現出與傳統相關聯，卻
脫離了傳統圖像的造像形制。此類造像常託以神祇降駕或託夢方式，指示為
其造像，如牧童形廣澤尊王、持蓮花太子、五路小元帥等。但此類造象仍因

信仰的可辨識需求，無法發揮太過天馬行空的創意，故多以文本傳說為依據，或是在既有圖像上少量添增信仰功能元素，以避免成為全新之造像而被信徒所誤認或無法接受，這也成為了台灣民間信仰中獨特的多元變異性。

附屬配件式童子圖像的既定印象

而童子圖像在形制上的另一個特點，無論是祭祀造像或是裝飾圖像，單體式或主題式的童子像，多有屬於自己的信仰功能或吉祥意涵。而配件式的童子圖像，除非是特定傳說形塑，否則主要皆以增加或加強主體像的祈子與佑兒之功能。從這樣的結果可以發現，童子圖像作為配件形式出現時，多著重孩童本身的指涉形式與象徵意涵，將之作為新生命與受保護對象的功能運用。似乎也能就此推論，當孩童仍然附屬於成人時，其功能形式依舊是成人眼中的既定印象，唯有脫離成人獨立時，才能發揮屬於自己的特性功能。

童子信仰神話傳說的相似性

另一方面，影響著台灣民間信仰中童子信仰與圖像成形的神話傳說，可以發現到幾處具有極大的相似性，如童子靈因機緣得道而在地修行，爾後正信大神屬意同一塊地欲建宮，兩者相互爭執後經第三方女神協調，使得雙方各退一步，童子靈讓出寶地予大神建宮，大神建宮後納入童子靈一同受供香火，就神話結構主義學的角度來看，[註46] 雖然對象指稱不同，但地方童子靈、後至正信大神、爭地糾紛、第三方女神協調、大神接納童子靈等結構元素，依舊反映出了某種孩童爭不過成人、溫柔母性的調停角色，以及孩童附屬於成人的傳統社會結構的意涵，而這也承襲了童子概念在中國傳統文化當中的既定印象。

由上述各分析可見，童子圖像的發展運用，無論其中神話如何形塑或是融入多少在地特色，但若以傳統視野來看待此類信仰圖像，童子始終只能在既定印象的框架中，展現其能見度，唯有隨著時間演進，在人本意識抬頭的過程中，童子圖像才能獲得獨立發展運用的空間。這樣的論述，也能夠在田調材料中，發現近年來新興的童子圖像與信仰，如飛天童子、白鶴童子、劍童主祀等，有著獨特的賦予功能而窺知一二。

〔註46〕神話學以結構主義來說，其目的就是為了在探究殊義分歧的眾多事物中，追尋當中不變的成分。參見 Claude Lévi-Strauss 著；楊德睿譯，《神話與意義》（台北市：麥田，2001），頁 26。

第四章 艋舺龍山寺持蓮童子像的
圖像結構與信仰功能分析

　　分析整理了台灣民間信仰當中眾多類型之童子圖像，供奉於台北艋舺龍山寺的持蓮童子像，其特殊的活潑動態體態、手持蓮化蓮葉、開襠褲露出生殖器等圖像元素，均有著其特殊的符號脈絡與圖像發展軌跡。而在其形制與信仰功能上，似乎又與其他各類型童子圖像有著相似的脈絡，並受到了艋舺龍山寺的歷史與祭祀空間配置的連帶影響，持蓮童子像逐漸形成目前呈現之樣貌。因此欲探究此尊持蓮童子像之形制、信仰功能與符號象徵，更需全面性的剖析文物本身與空間脈絡的關聯性與成形因素。

第一節　艋舺龍山寺歷史脈絡與保兒信仰空間

　　台灣開發史中，非常重要的其中一點就是信仰發展，這與地域社會、文化、族群、經濟，甚至是政治都有著密不可分的關係，而信仰的本質更會因為落地生根而有所融合與轉變，這是歷史脈絡中值得研究的一點。將信仰與地方及社會建立起的網絡梳理清楚，將更能掌握台灣開發的點滴線索。

　　而台灣信仰與宮廟的發展，隨著清代漢人移台開墾而展開，依民俗學者劉枝萬的研究（1963），將台灣寺廟的發展分為了幾個時期：（1）寺廟萌芽期──開台之初，規模簡陋，分布稀疏；（2）寺廟奠基期──開台漢人逐漸定居，以土地祠普設為特徵；（3）寺廟發展期──村莊基礎漸穩，開墾事業大展，諸神祭祀增加，寺廟林立；（4）寺廟推廣期──逐漸發展為市鎮，寺廟分

布漸廣，官廟與公廟設立，宗祠、行業神祭祀也日盛。〔註1〕由此分類可以看出，台灣民間信仰發展與地方社會開發息息相關。

艋舺地區的發展，與淡水河流域台北平原的開發息息相關，早於清康熙年間即有墾戶進入開發的紀錄，隨著移民聚落而居，開發繁盛。〔註2〕艋舺龍山寺的建立則與此地區之開發也有著莫大關係，據清同治十年（1871）的《淡水廳志》記載：

> 龍山寺：一在艋舺街，泉州安海分派，乾隆三年建。嘉慶二十年地震僅存佛座。楊士朝黃朝陽等捐建。士朝子孫助續成之。同治六年郊商重修……〔註3〕龍山寺肇自乾隆間。初闢榛萊，地可十畝。好義者即而垣墉之、樸斲之，而塑觀音大士於座中，所以藉歲時之祭、聯桑梓之恭也。當時鳩建巨工僅晉、南、惠中人者，以泉之販於淡，唯三邑人往來較數。〔註4〕

可得知艋舺龍山寺建於乾隆三年（1738）。相傳由紳商黃典謨發起募捐，並於福建安海龍山寺割香迎請觀音菩薩分靈，廟宇落成後為尊香火一脈相傳，因此仍名為龍山寺。〔註5〕

在承受了如嘉慶二十年（1815）的地震，和同治六年（1867）的暴雨等天災損毀，以及歷史歲月的摧殘，艋舺龍山寺的建築體也歷經了多次的由地方人士捐款之修建（圖175），〔註6〕包含了1920年改建、1938年的修繕、1940年增建圖書館與庭院、1945年受空襲炸毀中殿，至戰後的1953年中殿重建、1963年、1964年、1965年的整修、1966年的全寺油漆、1967年整修媽祖殿、〔註7〕1969年改建圍牆、1982年的後殿文昌殿失火重修、1997年

〔註1〕劉枝萬，〈清代台灣之寺廟（一）〉，《台北文獻》，4（臺北市，1963），頁101～120。

〔註2〕王世慶，《淡水河流域河港水運史》（台北市：中研院中山人文社會科學研究所，1998），頁31～32。

〔註3〕陳培桂纂輯，臺灣史料集成編輯委員會編輯，《臺灣史料集成·清代方志彙刊；第28冊　淡水廳志》（臺北市：文建會，2006），頁468。

〔註4〕陳培桂纂輯，臺灣史料集成編輯委員會編輯，《臺灣史料集成·清代方志彙刊；第28冊　淡水廳志》，頁539。

〔註5〕艋舺龍山寺全志編纂委員會著，《艋舺龍山寺全志》（台北市：艋舺龍山寺，1951），頁10。

〔註6〕艋舺龍山寺全志編纂委員會著，《艋舺龍山寺全志》，頁10。

〔註7〕余昌儀，《臺北·龍山寺》（臺北：台灣今日觀光叢書編審委員會，1968），頁68。

修復白蟻蛀蝕及霉蝕之後殿，和 2001 年修復 921 地震受損之中殿，〔註8〕同時，寺內各殿所供奉的神像，也在這些修建當中，偶爾一同進行修補或是增添，而與祭祀空間逐漸發展至現今樣貌（圖 176）。

圖 175：1953 年的中殿重建工程

圖 176：艋舺龍山寺中殿現景

　　而艋舺龍山寺並非傳統正信佛教寺院，依其神明祀奉型態，更似台灣民間信仰中的「巖仔」信仰。「巖仔」信仰之特色為主祀觀音並配祀有各種民間信仰神明，〔註9〕如文昌、媽祖、關聖帝君等，滿足眾生的現實生活需求，為佛教世俗化的發展型態，是一種地方佛教信仰系統，屬於「民間佛教」的一類。〔註10〕

　　其中，於艋舺龍山寺後殿媽祖殿之虎邊，有著兩座神房及一座神龕，

圖 177：昭和 18 年艋舺龍山寺
後殿參拜註生娘娘之線香與祈願品

〔註 8〕參照 2019 年逢甲大學李建緯教授執行之「財團法人台北市艋舺龍山寺寺內既存文物普查登錄計畫」，寺方提供之資料。

〔註 9〕林美容、蘇全正，〈臺灣的民間佛教傳統與「巖仔」的觀音信仰之社會實踐〉，《新世紀宗教研究》，2：3（新北市，2004），頁 20～21。

〔註 10〕據譚偉倫研究，民間佛教裡除了地方佛教，還包含：1.宗派佛教：如齋教齋堂中的觀音；2.儀式佛教：佛教對民間儀式產生非常重要的影響，佛教儀式主度死，俗稱「打齋」的喪葬功德儀式，一般由佛教僧人，或半佛半道的香花和尚、普庵佛教、齋公齋婆等儀式專家，以及帶髮修行的出家人等進行，皆可視為民間佛教的一環。參見譚偉倫主編，《民間佛教研究》（北京：中華書局，2007），頁 3～12。

內供奉著註生娘娘以及池頭夫人、大肚夫人、朱夫人、十二婆者、持蓮童子等神祇,此處即為寺中專司護佑信眾祈子、生育與保兒等信仰需求之信仰空間。據文獻照片可見,自日治時期至今,諸如婦女、丈夫、母親、親子等信眾,絡繹不絕於此參拜還願(圖177),也可由此知艋舺龍山寺育兒信仰空間對於信徒信仰需求上之重要性。

第二節　持蓮童子之文物描述

　　艋舺龍山寺之持蓮童子像,供奉於龍山寺後殿虎邊池頭夫人神房內,於池頭夫人、朱夫人、大肚夫人之座前。端看其現在之圖像功能與形制,於前一節所見台灣民間信仰中之童子圖像分類,屬於祭祀類單體式造像。此尊神像高為27公分,寬為23.7公分,深為18公分,若含手持之荷葉,則高為33.8公分(圖1)。製作材質為木雕,神像上之妝佛層為粉線,神像與木座為分離,為脫椅形態,僅擺放於木座上。頭髮、眉目與嘴唇為彩繪,頭部後腦頭髮漆層局部脫漆露出表紙層(圖178),背部亦有破口露出漆底層,右腿大腿與褲襠交界處裂口處微掀(圖179)。另同樣在右大腿靠臀部處,有一破裂口(圖180),並露出表紙層,周邊有裂痕與前述之開裂紋圍繞右大腿一圈,臀部靠於木座之處,則因摩擦而使得表面之漆層脫落露出底漆層。

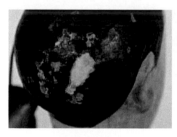  

圖178:	圖179:	圖180:
持蓮童子後腦部份漆層剝落露出表紙層	持蓮童子大腿剝裂處	持蓮童子右後大腿剝落一塊

　　其安奉之木座為一ㄇ字型之座釘於木板上,木板充作靠背,與常見一般脫椅神像之圈椅相比,較為簡陋亦非正式,筆者推測應為臨時讓此尊持蓮童子像可擺放供奉用。

　　而根據潘諾夫斯基的圖像學研究理論,分為三層分析,第一層為「最初的或是自然的主題」,也稱為「前圖像描述(Pre-iconographical description)」

〔註11〕。依此理論描述此尊神像之外觀，可見到此像為男童模樣，眉目清秀，鳳眼柳眉紅唇，臉型圓潤飽滿，耳型長而厚（圖181），頭頂正上方梳有一髮髻，身著肚兜以及開襠褲，露出明顯生殖器（圖182）。肚兜以金鍊掛於脖上，肚兜上有蓮花花紋，褲上則有類似竹葉紋飾，雙腿大開，左腳內彎，右腳朝右前方伸展，雙腳著黑靴，雙手手腕處則有金環，右臂前伸至左胸前，左臂則上曲，右手在下左手在上皆握拳持拿一株蓮葉與一株蓮花，塑像眼神向右前方觀看，整體神像動態感十足。

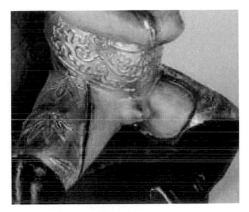

圖181：
持蓮童子臉形飽滿清秀

圖182：
持蓮童子身著開襠褲露出生殖器

而童子像所著之開襠褲，褲型為褲襠大開，褲腿瘦窄，形似套褲，穿時將兩腿套進，宋元時女子多穿此褲型，男子也穿，〔註12〕後孩童為求排泄替換方便，逐漸成為孩童常穿之褲型，一般單體式神像中罕見此種生活化之穿著，更可見此尊持蓮童子像更加偏向風俗之圖像化。

此尊神像之形制呈現出一種男童的活潑動態形象，樣貌也充滿福泰飽滿之像。此類形制之單體式祭祀童子塑像，在台灣目前尚未見到第二尊，可以說是全台孤例，獨特的形制與其信仰功能，以及其供奉之信仰空間的關聯性，成為此尊童子造像的最為值得深入研究之處。

而此尊童子造像之年代判斷，根據文物之結構與漆層分析，從其破口處與漆層斷面所見，補土漆層頗厚，且背部破口處可見兩層膚色漆層（圖183），每層漆層代表著一次修補，推測此像最少經歷過兩此的整修。但其身上有多處

〔註11〕潘諾夫斯基著；李元春譯，《造型藝術的意義》，頁31～61。
〔註12〕繆良云主編，《中國衣經》（上海：上海文化，2000），頁193。

龜裂與起甲痕跡，此類破損痕跡除非是保存空間極度潮濕或搬運破損，否則難以在段時間內造成此現象，但據寺方記錄與現場調查，持蓮童子之供奉空間內的微環境影響因素不至於如此嚴重，此童子像也少有搬動記錄，扣除掉這些外在影響條件，筆者推側據今最近的修補時間應也有數十年之久。

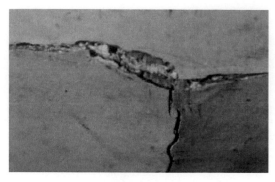

圖183：
持蓮童子背部破口處可見兩層膚色漆層

另就其姿勢來看，其雙腿部分經過長久時間，因為自身重量之關係，應會向下拉扯而受損，這從右腿之一圈裂紋可以得到印證，然其僅為裂痕並未斷裂，推論應為其中有修補支撐，方可維持塑像之完整，此推論可從X光檢測圖中可以清楚看見右大腿內具有數根細鐵釘釘入固定加以印證（圖184）。若以此修補材料與寺內神像修補記錄，以及前述推論來看，筆者認為此次修補應於日治時期，而神像年代之上限即可再往前推至日治初期。〔註13〕

圖184：持蓮童子x光拍攝
可見右大腿之鐵釘

第三節　台灣民間持蓮童子圖像之比較

一、跨越宗教信仰與世俗藝術的蓮花童子

　　童子持蓮之形象母題，如第二章所述，源於唐代佛教的蓮花形化生童子，

〔註13〕此述之X光拍攝與漆層分析等科學檢測資料，參見2019年逢甲大學李建緯教授執行之「財團法人台北市艋舺龍山寺寺內既存文物普查登錄計畫」成果報告書，頁190～192。

開展於宋代，通俗於明清，傳世圖像中包含了佛教壁畫、玉雕飾、瓷器彩繪、嬰戲圖、建築構件裝飾、甚至信仰造像上等，皆可見到各式各樣的蓮花與童子組合圖像（圖 185）。這不僅代表著此類圖像符號的歷史悠久，更反映了其運用之廣，有著深入民間與人心的運用趨勢。

圖 185：中國傳統各領域中的蓮花與童子組合圖像

這樣的一種圖像，結合了蓮花與童子的符號，為一種複合型的吉祥圖像。以潘諾夫斯基圖像學理論，其第二層或傳統涵意，也稱為圖像分析（iconographical analysis）來看，〔註14〕蓮花有著純潔之意，童子則為生育、男孩之像，從傳統信仰文化開始，即蘊含著新生與純潔無垢之意。隨著宋代時社會、經濟與文化的高度發展，蓮花與童子的圖像逐漸走入藝術與世俗的題材領域，風俗化後的蓮花童子圖像母題，主要以取其諧音「同音異字」的應用組合，有著「連生貴子」的吉祥象徵。〔註15〕不僅僅是藝術題材的呈現，

〔註14〕潘諾夫斯基著，李元春譯，《圖像研究與圖像學，造型藝術的意義》，頁 34。
〔註15〕劉淑音，〈以「連生貴子」為例試論嬰戲裝飾題材的隱含意義〉，《藝術學報》，97（新北市，2015），頁 20。

民間信仰的領域當中,也有著此類圖像符號與生育祈子相互連結之例,端如筆者於中國東南部所見,即有將蓮花童子的化生意涵與註生娘娘信仰結合呈現的祭祀圖像(圖186)。也可由此看出,此類形圖像在民間信仰當中深入人心的信仰功能。

圖186:中國民間宮廟中註生娘娘與蓮花化生童子的圖像結合
左為漳州蓮塘別墅外護法堂,右為廈門順濟宮

二、台灣民間信仰中的裝飾類單體造像蓮花童子

在台灣民間信仰中,有著童子、蓮花等相同符號的圖像,廣泛的見於裝飾類單體造像、裝飾類雕刻塑像、裝飾類彩繪圖像與祭祀類造像當中。裝飾類單體造像如台北法主公廟、大龍峒保安宮、大稻埕慈聖宮、士林慈誠宮、北港朝天宮、台南大天后宮等地均有供奉此類形持蓮童子像(圖187),然其形制不一,部分如第三章所述具有相似性。其中,北港朝天宮與台南大天后宮所擺設之處,均為註生娘娘殿前,可見仍將此類童子蘊含著的連生貴子意涵與信仰功能相互結合,但並無祭祀功能,主要以吉祥圖像加強此處信仰空間之功能為主;其餘的裝飾類的持蓮童子單體造像則是單純的吉祥圖像裝飾性功能,與信仰空間及祭祀並無關聯性。

圖 187：台灣民間信仰裝飾類單體持蓮童子造像

三、台灣民間信仰中的裝飾類雕刻塑像蓮花童子

　　裝飾類雕刻塑像則見於廟宇或是古蹟宅第等傳統空間當中，此類童子圖像，或手持蓮花、蓮蓬、蓮葉，或坐於蓮臺之上，然作為裝飾題材，主要仍是以吉祥意涵為主。其中有從「五子奪魁」意涵延伸出的「五子奪蓮」，以及傳統嬰戲圖當中的持蓮童子圖像（圖 188），這些皆是傳統圖像當中所蘊含的蓮花與童子圖像符號。另也有單獨持蓮童子題材呈現的，如大龍峒保安宮、埔里恆吉宮、新竹褒忠亭義民廟等，其三川殿牆面皆雕有童子持蓮之裝飾圖像

（圖189），而新竹進士第則是於斗拱裝飾持蓮童子之題材，其立體木雕栩栩如生（圖190）；另虎尾持法媽祖廟則於牆面裝是有許多童子吉祥圖像，其中與蓮花相關之童子圖像，一為手抱金魚並持蓮蓬之童子，另一則為雙手扛元寶坐於蓮臺上之童子，此二童子之配件均有著傳統吉祥圖像之韻味，可以說是吉祥圖像之複合題材（圖191）。藉由此類吉祥圖像於傳統建築空間內之運用，可見童子與蓮花相關的裝飾類圖像，仍以傳統吉祥意涵為主要功能，希冀借此能為空間當中帶來更多的祥瑞、財富、子嗣等寓意。

圖188：傳統圖像中的持蓮童子

圖189：獨立持蓮童子裝飾圖像

圖 190：新竹進士地　　　　　　　　　圖 191：
持蓮童子裝飾斗拱　　　　　虎尾持法媽祖宮複合型蓮花童子裝飾圖像

四、台灣民間信仰中的裝飾類彩繪蓮花童子

　　另外一種屬於裝飾類的童子蓮花圖像，則以彩繪呈現，以此次田野調查所見到的此類圖像，是以附屬配件的方式出現，如大龍峒保安宮的高元帥門神，其手中即捧著一尊端坐蓮台、雙手合十、上身赤裸、下身圍白布之童子（圖192）。這樣的蓮花童子圖像，以童子圖像的借代加上蓮花的聖潔之意，除了有原本蓮花形化生童子的生子意涵之外，更有著生子如斯之意，與高元帥所具備的送子功能相互呼應進而強化。而這也符合第三章所述，附屬配件式的童子圖像，多以增添主體送子佑兒的功能為主，再加之蓮花化生的傳統意涵，更為強化如此信仰功能。

圖 192：彩繪裝飾蓮花童子

五、祭祀類蓮花童子──挾祀持蓮童子

　　而祭祀類蓮花童子造像，除了本研究主題艋舺龍山寺的持蓮童子像外，以此次田野調查材料所見，僅有兩類，一是挾祀童子類形，另一類則是哪吒三太子的蓮花太子類形。挾祀童子如第三章所述，多以立身侍於主體神像兩

側，以手中所持之物與主體神像之傳說或
功能相互呼應，如台南學甲慈濟宮後殿慈
福寺的觀音菩薩兩側，即供奉有四尊挾祀
童子，其中有兩尊手持蓮花（圖193），與
觀音菩薩之關聯，在於同為佛教信仰圖像
之連結，而此處的持蓮童子，也僅為挾祀
設置，並無其他意涵或信仰功能。

圖193：學甲慈濟宮慈福寺挾
祀持蓮童子

六、祭祀類蓮花童子——蓮花太子

另一類的蓮花童子，則是出於哪吒太
子化生於蓮花之傳說，因此除了原本的火
尖槍、風火輪、乾坤圈等辨識符號之外，
蓮花與哪吒太子的組合也成為了台灣民間
信仰中常出現之造像，當中又可分為端坐
蓮花台以及立身蓮花台上兩種形制。端坐
形制如艋舺慈航王府、麻豆太子宮等皆有此類造像，艋舺慈航王府的蓮花太
子為手持蓮花，加強了蓮花的意象；麻豆太子宮則是手持乾坤圈，仍維持著
哪吒太子的辨識符號之一，其所呈現的形制，有著莊嚴神聖、初為蓮花中所
生之感（圖194）。另一類則是以傳統的哪吒太子立身像，手持火尖槍、乾坤
圈等法器，腳踩著風火輪，供奉於蓮花台上（圖195），這一類的供像僅是將
哪吒傳說中的蓮花圖像作為臺座呈現，較無哪吒太子生於蓮花的視覺傳達，
並無特別強調其中的化生之意。

圖194：坐身式蓮花太子

圖 195：立身式蓮花太子

七、艋舺龍山寺持蓮童子像與台灣民間信仰蓮花童子圖像之比較

　　由上述論述分析可見，童子持蓮常見之信仰功能或圖像意涵，順著佛教蓮花形化生童子的演變，在風俗化後的圖像意涵中，仍蘊含著「祈子」、「生男」、「多子多孫」等功能，並在各式裝飾類圖像中出現。另在祭祀類的蓮花童子圖像中，則多以蓮花的傳統意涵功能為主，包含了佛教符號，以及因為特定傳說而形塑的蓮花太子造像，當中，更因為哪吒三太子在民間信仰當中的知名度與神格較高，因此民間多有著將蓮花與童子的符號組合，視為哪吒太子的既定印象。

　　而艋舺龍山寺的持蓮童子像，從其圖像功能類別來看，為祭祀類的單體式造像，其供奉空間有著明確的祈求生子信仰功能，並與空間中的其它神祇同樣受著信徒的相火供奉。雖然其手持蓮花的童子形制，在台灣民間信仰中並非罕見，但多為裝飾類之圖像。較為接近的圖像如台北法主公廟、大龍峒保安宮、大稻埕慈聖宮、士林慈誠宮、北港朝天宮、台南大天后宮等，皆有持蓮的單體式童子造像，其中北港朝天宮與台南大天后宮中的持蓮童子像，皆擺放於註生娘娘殿前，與艋舺龍山寺持蓮童子的供奉空間類似。然而這些持蓮童子像因未受香火供奉與信徒祈求，其功能皆為裝飾類的單體式造像，與本研究的持蓮童子像在功能上屬於截然不同的類型。

　　此外，持蓮童子像的形制在祭祀類單體造像之功能類別當中，與挾祀持蓮童子或蓮花太子亦差異甚大。此尊持蓮童子像屬於獨立的信仰祭祀造像，與同空間中的其他神祇有著功能關聯，卻又並非隨侍其側，故非挾祀型持蓮童子。蓮花太子則是有著明確指稱的祭祀對象，雖有著相同的蓮花與童子的

圖像符號，但明顯並非同一尊祭祀神祇。

　　艋舺龍山寺的此尊持蓮童子有著獨特的動態活潑造型，信仰功能則是承襲了傳統風俗的吉祥圖像，蘊含著「蓮生貴子」、「生子如斯」的意涵。若將獨特形制與信仰功能的合而為一，並置於台灣民間信仰的蓮花童子造像系統來看，屬於全台孤例的獨特信仰祭祀類單體造像，也使得此尊持蓮童子像於台灣民間信仰的童子圖像中，佔有相當重要的信仰與藝術位置，當中可能的形制推測與形塑成因，或可從下一節的分析當中，加以探知。

第四節　持蓮童子像之形制符號與信仰功能分析

　　從持蓮童子像的形制來看，活潑動態的姿勢、圓潤飽滿的面相、身體的配件與符號，讓參拜之信徒得以祈願能夠獲得一個如持蓮童子像一般的健康、活潑、有福氣的男孩，形成了一種「模擬巫術」的借代信仰功能。所謂「模擬巫術」乃根據 James George Frazer 的論述（1890），以巫術有著兩大建立思想原理，即所謂「模擬巫術」與「接觸巫術」，其中「模擬巫術」根據圖像「相似性」的聯想，達到所求之目的，有著「同類相生」的意涵。〔註16〕也就是此尊持蓮童子像給予了信徒對於祈子育兒的心理投射，成就了此種圖像的信仰功能。

一、生殖符號探討

　　此尊持蓮童子像最為特別的特徵為穿著開襠褲，明顯的露出男性生殖器，以其信仰功能來說，直接反映了信徒對於求子的需求。這類圖像主要是透過露出生殖器產生「模擬巫術」對於生育以及生男的聯想，亦隱含著古早社會對於生殖器的崇拜意涵。生殖器崇拜是傳統社會中非常重要的一種風俗與觀念，起源於人類為了人口族群的繁衍與興旺，產生出對於性意涵的探索與追尋，進而延伸出對於生殖器與性交的崇拜。而隨著父系社會的成形，男性生殖器的象徵圖像在生殖器崇拜當中，也佔有重要的一席之地，與女陰崇拜同樣著重在於祈求豐收與繁殖之意涵。〔註17〕自古中國即有欲求子之婦

〔註16〕〔英〕詹·喬·弗雷澤著，劉魁立編，《金枝精要——巫術與宗教之研究》（上海：上海文藝出版社，2001），頁16～17。
〔註17〕繆良云，〈中國性紋樣的觀念及形態〉，《蘇州絲綢工學院學報》，20：2（蘇州，2000），頁29～30。

女，於有供奉泥塑娃娃像之求子廟宇，取其生殖器上之粉末，以求順利得子之儀式。〔註18〕

　　而從以此次台灣民間信仰中的田野調查材料所見，露出生殖器的童子像有兩項特點，第一皆非單體式祭祀類的造像，此類造像如為祭祀類，皆為附屬配件式，如婆者配件之童子（圖196），或是單體式裝飾類造像，如北港朝天宮註生娘娘殿前持蓮童子像（圖197），少有如艋舺龍山寺此尊持蓮童子像一樣的單體式祭祀類又露出生殖器之造像。筆者推論因在傳統觀念中，祭祀類造像仍有其莊嚴神聖性，而露出生殖器則較為目的性與生活化，作為帶有功能的配件祭祀類造像，或是裝飾類造像尚可，若作為直接祭祀之單體造像則與傳統觀念不甚契合。第二露出生殖器之圖像均帶有祈子佑兒或加強此類心願之功能，前述兩例從其附屬之造像主體，或是裝飾信仰空間均帶有這樣的圖像符號功能，即可看出這樣的傾向。由此可知，露出生殖器的艋舺龍山寺的持蓮童子像，有著屬於附屬童子的符號特性，卻又為祭祀類單體造像，此

圖196：
婆者配件之露生殖器童子造像

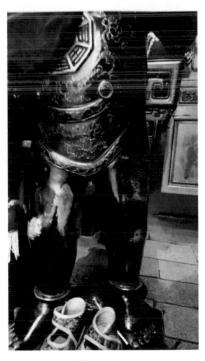

圖197：
單體式裝飾類露生殖器童子造像

〔註18〕宋兆麟，《中國生育信仰》（上海：上海文藝，1999），頁389～390。

生殖符號又呼應並強化著其信仰功能,在台灣民間信仰的祭祀類單體童子圖像當中,具有絕對的稀有性。

二、持蓮符號與信仰功能之探討

圖像的判讀是透過特定符號的辨識,蓮花與童子的符號組成,雖然自古即有許多形象因而出現,但在神話傳說與民間信仰中,擁有同樣辨識符號的仍以哪吒三太子的知名度較高。因此在同樣的符號組成條件下,民眾大多仍將此尊持蓮子像稱之為太子爺。以現今台灣民間信仰的普遍現象來看,太子爺即為哪吒三太子的另一稱號,也就是信徒甚至是民間與研究者,在形象的辨識上因為圖像元素而與哪吒三太子混淆。〔註19〕若探究分析現今台灣民間信仰中之哪吒三太子信仰功能,因其流傳甚久,神格亦高,而多屬於多元信仰功能,保兒信仰屬於其中之一。而此尊持蓮童子像其供奉方式與功能,較似前述提到的大龍峒保安宮註生娘娘殿前的軟身童子,以及大稻埕慈聖宮註生娘娘殿前童子(圖198),以廟方及信徒認知,非主要祈求對象,而是強化同信仰空間中母性神的祈子保兒功能,並以自身童子形象與蓮花意涵,使得信徒產生求子宜男與生兒如此的借代感。

圖198:與持蓮童子像相似之供奉方式
由左至右為大稻埕慈聖宮、艋舺龍山寺、大龍峒保安宮

〔註19〕如許多介紹艋舺龍山寺神明的民間網站,將此尊童子稱之為太子爺,亦或如李乾朗教授於1992年受台北市政府委託執行的「艋舺龍山寺調查研究」報告書中,亦將此童子稱之為太子爺,甚至連手中所持之物也理所當然的替換為矛槍,但經詢問過廟方執事人員,此尊童子像手中所持之物,並未替換過,一直是蓮葉與蓮花,因此可見在形象上之混淆誤認。參見李乾朗主持,《艋舺龍山寺調查研究》(台北市:台北市政府,1992),頁149。

三、單體與附屬式之形制探討

　　此外，以目前台灣民間信仰當中眾多童子形造像進行比較，單體式祭祀造像若呈坐姿，多為端坐圈椅之上，若為脫椅形態其臀部於設計之初，則會削平使神像能穩定置於座椅上（圖 199）。然而此尊持蓮童子像，其臀部呈現自然圓弧形，與所安置之木座仍有一段空隙（圖 200），可見其原本設計並非為單獨坐姿之造像。並從其右腿側伸，左腿彎曲的活潑動態來看，反而更像是作為附件被主體造像捧在左手的形態，也就是前述的附屬配件童子形制，在田野調查材料中可以見到，如送子觀音、婆者、土地婆、子安地藏等，其手中所捧附件童子，均呈現出與此尊持蓮童子相似之形制（圖 201）。再加之持蓮童子像所呈現的開襠褲與露出生殖器之表徵，在單體式祭祀類造像中均無所見，反而是在附屬配件類童子當中可以見到。另若是從裝飾類童子造像來看，單體式裝飾造像多為立身，少有坐姿，以便獨立擺設裝飾，且如同前述，坐姿造像的臀部不會如此尊一樣非平整之形式。另同樣為立體形式的裝飾雕刻造像，其像多有一面或一端有著連結點，以與牆面或物體面相連結，然此尊持蓮童子像周身並無連結點之痕跡。筆者由此推論，此尊持蓮童子像並非為裝飾類造像，而是屬於附屬配件式的祭祀類造像。

圖 199：脫椅型神像臀部為扁平
以求平穩置放於座椅上

圖 200：
持蓮童子像臀部離木座並不密合

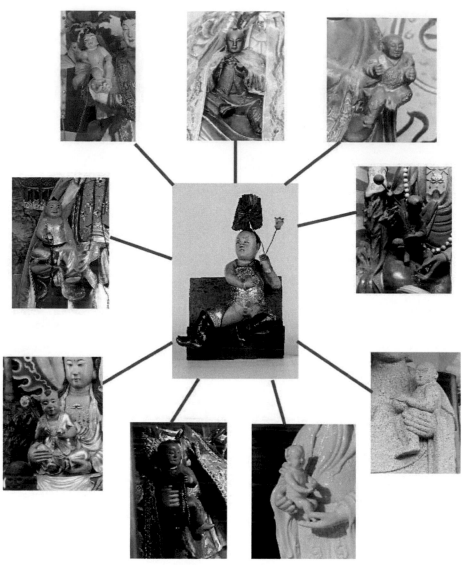

圖 201:艋舺龍山寺持蓮童子像與其他附屬配件式童子像比較

　　依此推論,就持蓮童子像的比例推算,其主體造像的尺寸至少如艋舺龍
山寺正殿觀音像大型。而以台灣民間信仰中童子附件祭祀造像的類別比對,
如此巨大的造像,不會是婆者等配祀類型,應為主祀之神祇,也就是如送子
觀音、子安地藏、土地公婆等類。但子安地藏為日式信仰,此持蓮童子非日
式風格,土地公婆附加童子的造像,台灣則少見有大型造像,因此筆者推論,
此尊持蓮童子像原本可能為某送子觀音手中之童子。雖然在艋舺龍山寺的歷
史脈絡之中,並無供奉過送子觀音的紀錄,但從寺中供奉有水仙宮之水仙尊

王，以及落款「紫來宮」之神棹等文物可以看出，艋舺龍山寺曾有納入他處神像或供器的前例，〔註20〕因此也不排除是別處的送子觀音像在遷移或毀損後，將附件的持蓮童子像移送至艋舺龍山寺供奉。再加之前述對於台灣民間信仰中，露出生殖器的童子像之分析，更能夠印證此尊持蓮童子像本非單體式祭祀類造像，而是附屬配件式祭祀類造像的推論。

　　在台灣的民間信仰中，每尊神像的設立，皆有其意義與功能。此尊持蓮童子像以生動活潑的姿態、圓潤福相的身形、手持蓮花蓮葉、穿著開襠褲露出生殖器等象徵，與同供奉空間中的眾母性神祇一同領受著信徒參拜的香火，滿足了信徒對於懷孕、生產以及育兒的信仰需求。據前述推論與分析，此尊持蓮童子像應有著其歷史演變過程，從附屬配件式的童子像，轉變為目前的單體式造像。配件類的童子圖像多為添加或強化主體神像的送子、育兒、保生等信仰功能，也與此尊持蓮童子像現今的功能互相呼應，再加之其蓮花、童子、生殖器等圖像符號，使得持蓮童子像的信仰功能明確而深植人心。

小結

　　台灣的民間信仰的根本信仰精神為「功能取向」，這所說的功能透過各個不同神祇的執掌，實現信徒的各種願望。艋舺龍山寺各殿的設立，以及當中各神尊的供奉，皆滿足著信徒生活當中的各種需求。而持蓮童子像的設立，在其所供奉的信仰空間當中，與註生娘娘、池頭夫人、十二婆者等母性神祇，發揮著同等重要的形象借代，滿足信徒對於順利得子、連生、貴子、生子如斯的心願盼望，加深了持蓮童子像在強化襯托祈子育兒的信仰功能。從中可以發現持蓮童子像的信仰功能有著其圖像發展脈絡的一貫性，以及與信仰空間的連結性。

跳脫傳統運用與既定印象的持蓮童子像

　　從歷史發展的脈絡來看，蓮花與童子的組合圖像的起源甚早，從佛教信仰文化開始，即有著新生命的意涵存在，如佛教的蓮花形化生童子，即是以潔淨的新生命與轉化意味，流傳於世間。而在逐漸轉變世俗化的過程當中，

〔註20〕此述艋舺龍山寺水仙尊王與紫來宮神棹內容，參見 2019 年逢甲大學李建緯教授執行之「財團法人台北市艋舺龍山寺寺內既存文物普查登錄計畫」成果報告書，頁 96～97、132。

這樣的意涵不斷的被強化與突顯，並且深入人心。因而在世人的既定印象中，這兩種圖像符號的結合，即與生育和幼兒有關。然而這樣的印象與圖像運用，以目前所蒐集到的田野材料中來看，多是裝飾類形之圖像，少有祭祀類的造像。這樣的結果反映出了蓮花童子的世俗與信仰的天平之間，因為風俗化吉祥圖像的既定印象，在中國傳統各領域的發展既深且遠，使得蓮花童子作為吉祥圖像的運用成為一種固定化模式。唯有艋舺龍山寺的持蓮童子像作為祭祀類造像，以信仰造像維持著傳統吉祥圖像的意涵，並結合其特殊的形制，使得蓮花童子這樣的圖像與功能，在台灣民間信仰童子圖像的發展脈絡當中，留下獨具特色的一頁。

持蓮童子像與哪吒三太子之比較

而持蓮童子像如此明確的信仰功能，以及其特殊形制，與擁有相似圖像符號的哪吒三太子相比，能夠顯而易見的分辨此尊造像與太子爺的神格差異性。不可否認兩者同樣有著相似的符號來源，也受到符號傳承脈絡的影響，但哪吒三太子在台灣民間信仰中的形塑，更大影響主因是《封神演義》與《西遊記》等神魔小說，這與形制上純粹為童子像的持蓮童子有著信仰本質上的差異，兩者著實不該混為一談。甚至雖是孤例，持蓮童子在台灣民間信仰當中，仍深具探究且獨樹一格的信仰與藝術價值。然或許是因為哪吒太子的信仰有著深厚的歷史，逐漸形成較高的神格位階，並有著小說文本的流傳影響力，因而在台灣民間信仰中佔有較高的知名度，這也使得同樣的蓮花與童子等辨識符號，台灣民間信仰的祭祀類造像當中，仍慣性的將蓮花與童子的組合符號賦予給哪吒太子。這也是造成台灣民間信仰中祭祀類造像，尤其是單體式的造像，少見有哪吒太子以外的蓮花童子形形制，也因此，艋舺龍山寺的持蓮童子像更顯示了其獨樹一格的存在。

兼具附屬配件功能與獨立圖像形制的持蓮童子像

另從其形制推論所見，作為可能是附屬配件型的持蓮童子像，與台灣民間信仰中其他相似的造像相比，此類作為母性神配件的童子像，結合了母性神天性與育兒相關的特質，加之自身的童子形制，使得整體造像的祈求功能更強化求子育兒的信仰需求。然而，這樣的信仰功能主要以母性神為主體，童子像則為印象與功能之強化或附加，是不可分離的。以此尊持蓮童子像的角度觀之，其形制推論應原屬於觀音類母性神祇的附屬配件，因歷史或社會

發展原因使得此尊造像獨立供奉於艋舺龍山寺。雖脫離了主體神像以單體式造像的形式受人供奉，但仍保有附屬配件式對於祈子育兒的信仰功能，再加上其手持蓮花蓮葉，更承襲了中國傳統圖像的符號與功能。由此可見，無論其形制、圖像符號或供奉方式等分析，持蓮童子像既與母性神連結，又保有傳統蓮花童子獨立圖像的發展脈絡，當中又蘊含著台灣社會文化因繁榮穩定，而對於童子圖像產生獨立信仰寄託的發展，不僅是台灣民間信仰中僅有的童子造像表現，亦呈現出台灣民間信仰因地制宜的多元信仰內涵。

根據潘諾夫斯基的圖像學理論，第三層為內在的涵意或內容，或稱圖像詮釋（iconological interpretation）〔註21〕分析艋舺龍山寺持蓮童子像之圖像符號，可以看出其圖像的成形與流傳，以及其深層之功能與意義，均受到了其起源脈絡和發展運用的影響。一個從傳統佛教信仰出發的持拿蓮花童子圖像，經過時代的詮釋與演變，與民間風俗產生融合，並透過不同介質表達著其中韻味。另一方面又保留了其核心意涵，持續展現其信仰功能，在領域的轉換之間，脫胎而不換骨，不變的核心變出了多元的呈現面貌。艋舺龍山寺持蓮童子像的特殊性，不僅在於罕見的形制反映出了台灣的社會歷史背景，與民間信仰當中的多元變異性，更蘊含了圖像的歷史演變脈絡，以及核心的信仰功能。在現今的台灣民間佛教寺廟，這樣的一尊持蓮童子像，融合傳統的佛教圖像文化與世俗吉祥意涵，以其親切可愛的面容姿態，展現了當中浩瀚的信仰文化與藝術內涵。

〔註21〕潘諾夫斯基著，李元春譯，《圖像研究與圖像學，造型藝術的意義》，頁 35。

第五章　結論：赤子新生——從持蓮童子像看台灣民間信仰童子圖像特性

滿足成人想像的兒童與其表徵意涵

　　兒童一直以來都是一種真實存在卻又容易忽視的形象，其不僅僅是一種生理的時期，更有著社會意識的文化表徵。然而長久以來受限於兒童無法為自己發聲的現實條件，兒童在人文、社會、歷史、藝術等領域中，相當於一種空白的存在，就算偶爾出現，也是形塑於成人的眼中模樣。但是，成人眼中的孩子不應只是想像中的孩子，孩童的真實性遠遠大於成人對於他的形塑。在長久以來的發展當中可以發現，孩童對於人們有著莫大的影響，其不僅僅是一種成長歷程，更是成人對於生活期盼的投影，這種期盼可以成為茁壯的動力，也可以是逃避的謊言。人們透過對於孩童的形塑，讓自己內心的黑暗或光明，得到了滿足自我放逐的轉換救贖，因此，當孩童逐漸被人「發現」之後，其所表徵的內涵，也開始受到人們的重視、省思與多元運用。

　　孩童從外觀形象開始，就有著「指涉」與「意涵」兩類面向，「指涉」是最直接的孩童形象，而「意涵」則是以孩童特色為基礎延伸出來的意義，逐漸形成「童子」這樣的專有名詞。而一個專名與其指涉項之間的指涉關係是透過兩個階段建立起來的：指涉固定（reference fixing）與指涉借用（reference-borrowing），〔註1〕童子在其定義當中被固定指涉，爾後藉由其既定印象而被借用出各種借代法。在這樣的基礎當中，可以看見中國傳統社會中的童子形

〔註 1〕王文方，《語言哲學》（臺北市：三民，2011），頁 68。

象融入了不同的功能需求、藝術風格、地方文化等因素，使得童子形象在相似特徵之中，又有著千變萬化的發展。

從文本描述轉化到視覺符號的童子圖像

同時，中國文化更將這樣的形象意涵融入了各種文本當中，透過文字的創造與形塑，展現多元的童子形象，並透過文本的描述，轉化為視覺的圖像符號，用以呈現一種文化意涵。而這樣的圖像符號是另一種用於敘述的語言，依靠文字成形，卻又不同於文字單純是一種描述，而是更具體的一種視覺呈現。當中加入了創作者或是使用者的想像與需求，使得童子圖像在中國傳統文化當中，以各式載體媒介呈現，跨越了宗教與風俗兩種不同領域，融入了信仰精神與生活體驗，逐漸成為重要的文化思想與藝術母題，並在歷史發展脈絡的過程中，連帶的影響到了台灣民間信仰。

跳脫傳統印象的台灣民間信仰童子圖像

民間信仰蘊含著傳統社會文化與大量的古老崇拜，有著其崇拜儀式與巫術文化。當中的神祇信仰文化也有著其區域性格，屬於一種民間崇拜，是一種整合了民間文化的綜合產物，反映民眾膜拜神明的集體心理，並接受新的文化洗禮融合新的發展，並以崇拜的信念解釋信仰行為的意義與價值。〔註2〕

而台灣民間信仰是台灣一種普遍而重要的宗教文化，並形成了台灣各地區的民俗儀式與活動。當中融合了儒、釋、道三教的精神、儀式與神祇，以道教的信仰及儀式架構為基礎，兼併佛教與儒教的精華，更融入了明代《封神演義》及《西遊記》等神魔小說內容，〔註3〕以及民間的多元需求擬神的觀念，蛻變出符合民間生活與精神需求的龐大信仰體系。透過各個神祇的執掌，以及儀式的媒介，在人們的心中，為自身的生活需求形塑出可以藉以寄託的祈求對象。

在台灣民間信仰當中的童子圖像，於所呈現的單體式祭祀造像、附屬配件式祭祀造像與裝飾類等圖像當中，承襲著傳統童子的形象意涵，角色定位同樣非主流又為成人附屬，此皆深受著孩童既定印象與中國傳統文化之影響。但其中卻也呈現了台灣民間信仰的「區域性格」，融入了台灣社會發展與

〔註 2〕鄭志明，〈臺灣民間信仰的神話思維〉，《民間信仰與中國文化國際研討會論文集》（台北市：漢學，1994），頁 95。
〔註 3〕蕭登福，《道教與民俗》（台北市：文津，2002），頁 2。

本土傳說，並以神話作為被詮釋的語言，連結了外在形式與內在意涵，形塑出屬於台灣自身的獨特童子信仰與圖像。

從持蓮童子像獨特形制推論信仰功能與圖像脈絡

而定位為民間佛教的艋舺龍山寺，其核心信仰功能以佛教為基礎，其中也因歷史脈絡演變，以及地方文化的融合，加入了道教與儒教的信仰元素，形成了現今所看到的艋舺龍山寺多元而全面的供像及信仰功能體系。其中所供奉的持蓮童子像，承襲著傳統佛教信仰與吉祥母題，以其自身獨特的手持蓮花、露出生殖器、動態形制等符號特色，使得參拜信徒透過「模擬巫術」的借代，借由外型與吉祥象徵的投射，得以滿足自身對於生育、祈子、保兒的心願。

另從其形制與工藝技法推論，此尊持蓮童子像原本應為觀音類神祇的附屬配件童子造像，在歷史脈絡的演變過程中，脫離了主體神像，獨立成為現今供奉型態。與台灣民間信仰當中同屬附屬配件式的童子圖像相比，此類童子圖像多為強化或附加主體神像的求子、育兒等信仰功能，也與此尊持蓮童子像互相呼應，更為此推論增添了一分證據。而就其祭祀空間、祭祀型態、信仰功能等各方面來看，此尊持蓮童子像不僅僅具有全台孤例的獨特性，更突顯了台灣民間信仰當中，因地制宜的多元變異性。使得艋舺龍山寺的持蓮童子像在台灣民間信仰中，具有深厚歷史脈絡卻又獨一無二的信仰呈現象徵。

相似符號與本質差異之探究

除此之外，艋舺龍山寺的持蓮童子像在過去的信仰歷史當中，因其具備同樣的蓮花與童子等辨識符號，以及相似的童子神祇信仰功能，而常被誤認為台灣民間信仰中另一尊著名的童子神祇——哪吒三太子。然而就其信仰成形原因，與信仰功能專屬性來看，兩者實際有著信仰本質上的區別。但這樣的結果也反映出了台灣民間信仰的神祇信仰與符號之間的關聯性，以及其圖像元素在傳統觀念中所象徵的文化信仰意涵。透過圖像符號形塑某尊神祇與相關信仰，容易產生如此的混淆。因此欲探究台灣民間信仰當中的各式信仰圖像，應就歷史背景、圖像元素、文化脈絡、區域精神等層面進行全面性的探討與分析，方能更細究的理解屬於台灣民間信仰中的圖像功能與特色。

孩童特性融入台灣民間信仰童子圖像的發展

　　台灣民間信仰有著傳統文化累積、保存、發展的多元性與複雜性，本身就是一套完整的宗教信仰系統。以基層社會崇拜意識為軸心，有著動態性的文化呈現，並有強大的包容性與社會現實結合。從其特性來看可以說民間信仰是一種開放性的自組織系統，與社會融合交換能量。當中的童子圖像，在承襲著傳統文化與既定印象的框架中，生動而多元的被運用在民間信仰裡。

　　過去以成人為主的傳統信仰體系中，多以成人的眼光看待獨立的童子信仰，如三太子、廣澤尊王等，雖是童子神祇，但仍被賦予青年之外形、較高之神格與廣泛的信仰功能，少有單純以童子形制及以其特性為主要崇拜對象的童子。然從本研究田調材料中可以發現，台灣民間近幾十年的童子圖像與信仰中，因為社會發展背景的關係，逐漸出現如正面、活潑、光明、新生或是保護等以童子特性為寄託或崇拜的獨立信仰造像，如飛天童子、嬰靈像、五路開基小元帥、主祀劍童、囝仔公等。這樣的信仰成因形式，不同於傳統的自然崇拜，或是由凡入聖的品德崇拜，而是以童子的外觀形象或是特性象徵，輔以神話傳說或是神明託辭作為信仰成因，筆者將之稱為「特性崇拜」。雖是藉由童子圖像的既定印象，但也開始認為原應為受保護或弱勢的孩童角色，能以其特性給予成人作為信仰的寄託或祈求的對象。

　　從台灣民間信仰童子圖像的發展過程中，可以看出童子圖像不似演化論是一路到底，而是隨時因地的附加著時代與信仰的需求。如此活潑且彈性的信仰圖像，彷彿就如同其孩童母題一般，有著兒童的活力與生命力，低調卻又深刻的發揮屬於自身的信仰圖像發展潛力，逐漸在以成人為主的傳統信仰領域中，顯露出其特性的光芒。

圖像形式、文化意涵與信仰功能的關聯

　　「童子」屬於孩童在文化上的一種形式，而形式是其意義的載體。就歷史縱觀來看，意義是會隨著時間、社會、文化、經濟等因素而有所改變的。因此，如同 Jessica Rawson 對於形式與意義的觀念：意義是具有可變性且經常改變的，形式則相對穩定許多，因此，在理解意義之前，更需好好辨識乘載其意義的形式。〔註4〕筆者透過這次研究發現，童子圖像的形式有著其傳統文化

〔註4〕Jessica Rawson 著；張平譯，《蓮與龍：中國紋飾》（上海：上海書畫出版社，2019），頁22。

上的定義，如同：純潔、活潑、天真、生命，甚至是成人的附屬，其後的圖像演變與發展，乃至於文本形塑，也始終脫離不了這樣的既定印象。就算是歷經了宋代文化藝術高度發展的背景背景，童子圖像在運用上趨於多元，其意義也經由了需求、想像等人為因素而產生多種樣貌。然而在整體對於「童子」的認識，依然有著傳統文化的根深蒂固，將「童子」這樣的形式擺放在成人的角度中去形塑。

藉由「神話學」來看待「童子」這樣一種圖像符號，以及其背後的文化意涵，如同「神話學」理論當中提到：

> 神話的任務是將歷史意圖建立在自然之上，將偶然性建立在永恆之上……世界提供給神話的歷史的真實，由人類製造或使用它的方式來界定。〔註5〕

「童子」作為一種被社會、歷史、文化所形塑的「神話」，其圖像呈現的意義有著顯著的人為痕跡。然而神話應是一種「去政治化的語言」〔註6〕，透過明確的觀察回歸到事物本身的自然與永恆，也就是孩童在人類文化當中的真實存在。筆者透過台灣民間信仰的觀察發現，童子圖像在近數十年來的發展中，開始有了既維持其辨識符號，又試著擺脫成人眼中的既定印象，在其既有的符號基礎上，添加了新興的信仰功能，並逐漸受到信仰層面上的重視。或許這就是反映了人們開始看見了孩童的存在，並盡力建立屬於孩童的本體性，為此類圖像的生命發展出新的延續，並為每個成人的內心，找回曾經的那個小孩，如同聖修伯里在《小王子》序裡所說：「每個大人都曾經是個小孩，可惜記得這件事的大人實在不多。」〔註7〕

〔註5〕Roland Barthers 著；許薔薔、許綺玲譯，《神話學》，頁369。
〔註6〕Roland Barthers 著；許薔薔、許綺玲譯，《神話學》，頁370。
〔註7〕Antoine de Saint-Exupéry 著；墨丸譯，《小王子》(台北市：漫遊者文化，2014)，序頁。

參考文獻

一、史料與專書

1. 〔漢〕班固著；〔唐〕顏師古注，《漢書》（北京：中華書局，1962），第六冊。

2. 〔東漢〕許慎著；〔清〕段玉裁注，《圈點說文解字》（臺北市：萬卷樓，2002）。

3. 〔唐〕玄奘口述，〔唐〕辯機筆錄，《大唐西域記》（臺北市：商周出版，2005）。

4. 〔唐〕鄭玄注、〔唐〕賈公彥疏，《儀禮注疏　周禮正義　附校刊記》（臺北：廣文書局，1971）。

5. 〔宋〕佚名撰；楊家駱主編，《大唐三藏取經詩話　三卷》（臺北市：世界，1958）。

6. 〔宋〕李誠，《營造法式》（北京：中國書店，2013）

7. 〔宋〕孟元老撰，《東京夢華錄》（台北市：古亭，1975）。

8. 〔元〕周密撰；〔清〕鮑廷博校刊；嚴一萍選輯，《武林舊事》（臺北縣板橋市：藝文印書館，1966），卷第三。

9. 〔元〕馬端臨撰，《文獻通考》（臺北市：新興書局，1958）。

10. 〔明〕佚名撰，《繪圖三教原流搜神大全：外二種》（上海：上海古籍出版社，2012）。

11. 〔明〕吳承恩，《西遊記》（臺北市：華正書局，1982）。

12. 〔明〕李贄；張建業主編，《李贄文集》（北京市：社會科學文獻出版社，2000），第 1 卷。

13. 〔明〕姚廣孝監修；楊家駱主編，《永樂大典》（臺北市：世界，1962），第四十八冊。

14. 〔明〕許仲琳，《封神演義》（台北市：河洛圖書，1977）。

15. 〔明〕馮夢龍，《警世通言》（台北市：光復，1998），第八卷。

16. 〔清〕丁觀鵬臨摹，彭連熙、彭福來繪，《法界源流圖》（天津：天津人民美術出版社，2011）。

17. 〔清〕江西南昌府學開雕，《十三經注疏》（臺北市：藝文，2003），重栞宋本，第二冊、第四冊、第五冊。

18. 〔清〕紀昀等總纂，《景印文淵閣四庫全書》（臺北市：臺灣商務，1983），史地三四七　地理類。

19. 〔清〕徐道編；王秋桂、李豐楙主編，《歷代神仙通鑑》（台北市：臺灣學生，1989，林屋玦樓秘本），卷之十一。

20. 〔清〕楊浚撰；郭秋顯，賴麗娟主編，《冠悔堂集》（新北市：龍文，2017）。

21. 〔清〕鄭用錫、柯培元纂輯；臺灣史料集成編輯委員會編輯，《臺灣史料集成・清代方志彙刊；第 23 冊　淡水廳志稿　噶瑪蘭志略》（臺北市：文建會，2006）。

22. 〔清〕聖祖御定，《全唐詩》（台北市：文史哲，1987）。

23. 〔日〕大正一切經刊行會，《大正新脩大藏經》（臺北市：宏願出版，1992）。

24. 〔法〕ジャック・ジエス（長賈克・吉耶斯，Jacques Giès）編；秋山光和等訳，《西域美術第 1 卷：ギメ美術館ペリオ・コレクション》（東京：講談社，1994 年）。

25. Antoine de Saint-Exupéry 著；墨丸譯，《小王子》（台北市：漫遊者文化，2014），序頁。

26. Claude Lévi-Strauss 著；楊德睿譯，《神話與意義》（台北市：麥田，2001）。

27. Conrad Phillip Kottak 著；徐雨村譯，《文化人類學：領會文化多樣性》（臺北市：麥格羅希爾、臺灣東華，2018）。

28. David Buckingham 著；楊雅婷譯，《童年之死：在電子媒體時代下長大的孩童》（臺北市：巨流，2003）。

29. Donald A. Ritchie 著；王芝芝譯，《大家來做口述歷史》（臺北市：遠流，1997）。

30. Ernst Cassirer 著；于曉譯，《語言與神話》（台北市：久大文化、桂冠圖書，1990）。

31. Framcis Haskell 著；孔令偉譯，《歷史及其圖像：藝術及對往昔的闡釋》（北京：商務印書館，2017）。

32. Gerhard Bellinger 著；林宏濤譯，《神話學辭典》（臺北市：商周出版，2006）。

33. Hubert Damisch 著；董強譯，《雲的理論：為了建立一種新的繪畫史》（臺北市：揚智文化，2002）。

34. J. G. Frazer 著；汪培基譯，《金枝：巫術與宗教之研究（上、下）》（台北市：久大、桂冠，1991）。

35. J. G. Frazer 著；劉魁立編，《金枝精要——巫術與宗教之研究》（上海：上海文藝出版社，2001）。

36. Jessica Rawson 著；張平譯，《蓮與龍：中國紋飾》（上海：上海書畫出版社，2019）。

37. John Deely 著；張祖建譯，《符號學基礎》（北京：中國人民大學，2012），第六版。

38. John Lyons 著；國立編譯館主譯；劉福增編譯，《語意學新論》（臺北市：心理，2000）。

39. K. R. Norman 著；陳世峰、紀贇譯，《佛教文獻學十講》（上海：中西書局，2019）。

40. Leon Rosenstein 著；葉品岑譯，《古物新史：從上古遺跡到現代拍賣場，縱橫千年的美學意識流變與珍品收藏旅程，一名哲學教授的古物考察記》（臺北市：麥田，城邦文化，2019）。

41. Philippe Ariès 著；沈堅、朱曉罕譯，《兒童的世紀：舊制度下的兒童和家庭生活》（北京：北京大學，2013）。

42. Roderick Whitefield 編集、解說；林保堯編譯，《西域美術（一）：大英博物館斯坦因蒐集品〔敦煌繪畫 1〕》（臺北市：藝術家，2014）。

43. Roderick Whitefield 編集、解說；林保堯編譯，《西域美術（二）：大英博物館斯坦因蒐集品〔敦煌繪畫 2〕》（臺北市：藝術家，2019）。

44. Roland Barthers 著；洪顯勝譯，《符號學要義》（台北市：南方叢書，1988）。

45. Roland Barthers 著；董學文、王葵譯，《符號學美學》（台北市：商鼎文化，1992）。

46. Roland Barthers 著；許薔薔、許綺玲譯，《神話學》（臺北市：桂冠，1997）。

47. Roland Barthers 著；江灝譯；許綺玲編定、導讀，《神話學》（臺北市：麥田，城邦文化，2019）。

48. Susan Woodford 著；賈磊譯，《古代藝術品中的神話形象》（濟南：山東畫報出版社，2006）。

49. Terence Hawkcs 著；陳永寬譯，《結構主義與符號學》（台北市：南方叢書，1988）。

50. 《北京文物鑒賞》編委會編，《明清水陸畫》（北京：北京美術攝影出版社，2004）。

51. 丁明夷，《佛教百科·藝術卷》（台北市：知書房，2006）。

52. 丁培仁，《道教文獻學（上、下冊）》（成都：四川大學出版社，2018）。

53. 丁福保編，《佛學大辭典》（臺北市：新文豐，1992）。

54. 于君方著；陳懷宇、姚崇新、林佩瑩譯，《觀音：菩薩中國化的演變》（台北：法鼓文化，2009）。

55. 中國石窟雕塑全集編輯委員會編，《中國石窟雕塑全集第六卷：北方六省》（重慶：重慶出版社，2001）。

56. 仇德哉，《臺灣之寺廟與神明一～四》（台中：臺灣省文獻委員會，1983）。

57. 文物普查輔導中心，《文物普查與暫行分級作業手冊》（臺中市：文化部文化資產局，2018）。

58. 王文方，《語言哲學》（臺北市：三民，2011）。

59. 王世慶，《淡水河流域河港水運史》（台北市：中研院中山人文社會科學研究所，1998）。

60. 王庭玫、謝汝萱撰著，《名畫饗宴 100──藝術中的孩子》（台北市：藝術家，2011）。

61. 王連海編著，《中國古代嬰戲造型圖典》（南昌：江西美術出版社，1999）。

62. 王雅倫，《法國珍藏早期台灣影像：攝影與歷史的對話》（臺北市：雄獅，1997）。

63. 北京東方收藏家協會，《中華收藏家辭典》（北京：北京燕山出版社，1996）。

64. 石磊注譯，《新譯拾遺記》（臺北市：三民，2012），卷三。

65. 如常主編；星雲大師總監修，《世界佛教美術圖說大辭典》（高雄市：佛光山宗委會，2013），第 15 冊。

66. 江燦騰主編；增田福太郎原著；黃有興中譯，《臺灣宗教信仰》（台北市：東大圖書，2005）。

67. 余昌儀，《臺北·龍山寺》（臺北：台灣今日觀光叢書編審委員會，1968）。

68. 佛光大辭典編修委員會編，《佛光大辭典》（高雄縣：佛光，1988），第 3 冊。

69. 吳瀛濤，《臺灣民俗》（臺北市：眾文圖書，1992）。

70. 呂宗力、欒保群編，《中國民間諸神（上、下冊）》（臺北市：臺灣學生，1991）。

71. 宋兆麟，《中國生育·性·巫術》（新北：雲龍，1999）。

72. 宋兆麟，《中國生育信仰》（上海：上海文藝，1999）。

73. 宋志明、王熙元、陳清輝，《陳獻章·王守仁·李贄》（臺北：臺灣商務，1999）。

74. 李建毛，《湖湘陶瓷（二）長沙窯卷》（長沙：湖南美術，2009）。

75. 李建緯，《歷史·記憶與展示：台灣傳世宗教文物研究》（台中：豐饒文化社，2018）。

76. 李效偉，《長沙窯模印貼花：大唐陶瓷裝飾藝術之奇葩》（長沙：湖南美術，2008）。

77. 李時人、李鏡浩校注，《大唐三藏取經詩話校注》（北京：中華書局，1997）。

78. 李乾朗主持，《艋舺龍山寺調查研究》（台北市：台北市政府，1992）。

79. 李翎，《鬼子母研究：經典、圖像與歷史》（上海：上海書店，2018）。

80. 李維史陀著；周昌忠譯，《神話學：裸人》（臺北市：時報文化，2000）。

81. 李劍平主編，《中國神話人物辭典》（陝西：陝西人民出版社，1998）。

82. 李輝柄主編，《長沙窯　作品卷》（長沙：湖南美術，2004），第 1 冊。

83. 李曉東，《文物學》（北京：學苑出版社，2005）。

84. 杜而未，《儒佛道之信仰研究》（台北市：台灣學生書局，1977）。

85. 沈從文編著，《中國古代服飾研究》（上海：上海書店出版社，2017）。

86. 卓克華，《清代臺灣行郊研究》（臺北縣：揚智文化，2007）。

87. 易思羽主編，《中國符號》（南京：江蘇人民出版社，2005）。

88. 林進源，《台灣民間信仰神明大圖鑑》（臺北市：進源書局，1996）。

89. 林聖智，《圖像與裝飾：北朝墓葬的生死表象》（台北市：台大出版中心，2019）。

90. 肥田路美著；顏娟英等譯，《雲翔瑞像：初唐佛教美術研究》（臺北市：臺大出版中心，2018）。

91. 邱秀堂，《台灣北部碑文集成》（臺北市：臺北市文獻委員會，1986）。

92. 施翠峰，《思古幽情　第一冊　名勝古蹟篇》（台北市：時報文化，1975）。

93. 胡同慶，《敦煌佛教石窟藝術圖像解析（上、下）》（北京：文物出版社，2019）。

94. 徐逸鴻，《圖說艋舺龍山寺》（台北：貓頭鷹出版，2010）。

95. 徐壽，《全臺寺院齋堂名蹟寶鑑》（台南州台南市：國清寫真館，1932）。

96. 徐曉望，《福建民間信仰源流》（福建：福建教育，1993）。

97. 浙江省文物考古研究所編著，《雷峰塔遺址》（北京：文物出版社，2005）。

98. 財團法人佛光山文教基金會編，《1996 年佛學研究論文集——當代臺灣的社會與宗教》（高雄市：佛光，1996）。

99. 馬書田，《中國民間諸神》（臺北市：國家，2001）。

100. 馬書田，《中國佛菩薩羅漢大典》（台北市：國家，2007）。

101. 高致華編，《探尋民間諸神與信仰文化》（合肥：黃衫書社，2006）。

102. 國立中山大學清代學術研究中心、新營太子宮管理委員會主編，《第一屆哪吒學術研討會論文集》（高雄：國立中山大學文學院清代學術研究

中心，2003）。

103. 張次溪編，《清代燕都梨園史料》（北京：中國戲劇出版社，1988），上冊。

104. 張紫晨，《中國巫術》（上海：三聯書店上海分店，1990）。

105. 張道一、瞿海良主編，《漢聲》（台北市：漢聲雜誌社，1993），第 49 期。

106. 張蒼松，《典藏艋舺歲月》（臺北市：時報文化，1997）。

107. 張繼禹主編，《中華道藏》（北京：華夏出版社，2004）。

108. 敏澤，《李贄》（臺北市：萬卷樓，1993）。

109. 許在全、張建業主編，《李贄研究》（北京：光明日報出版社，1989）。

110. 許蘇民，《李贄評傳》（南京：南京大學出版社，2006）。

111. 郭喜斌，《圖解台灣民間吉祥圖鑑》（台中市：晨星，2019）。

112. 陳映芳，《圖像中的孩子》（濟南：山東畫報出版社，2003）。

113. 陳飛、凡評注譯，《新譯大唐西域記》（臺北市：三民，2003），卷六。

114. 陳培桂纂輯；臺灣史料集成編輯委員會編輯《臺灣史料集成‧清代方志彙刊；第 28 冊　淡水廳志》（臺北市：文建會，2006）。

115. 陳清香，《台灣佛教美術　供像篇》（台北市：藝術家，2008）。

116. 陳懷恩，《圖像學：視覺藝術的意義與解釋》（臺北市：如果出版，2008）。

117. 揚之水，《從孩兒詩到百子圖》（香港：香港中和出版有限公司，2014）。

118. 敦煌文物研究所主編，《敦煌藝術寶庫》（臺北：地球，1988）。

119. 敦煌研究院主編，《敦煌石窟全集：民俗畫卷》（香港：香港商務印書館，2003），第 25 冊。

120. 敦煌研究院主編，《敦煌石窟全集：佛傳故事畫卷》（香港：香港商務印書館，2003 年），第 4 冊。

121. 敦煌研究院主編，《敦煌石窟全集：服飾畫卷》（香港：香港商務印書館，2003），第 24 冊。

122. 敦煌研究院主編，《敦煌石窟全集：阿彌陀經畫卷》（香港：香港商務印書館，2003），第 5 冊。

123. 敦煌研究院主編，《敦煌石窟全集：音樂畫卷》（香港：香港商務印書館，2003），第 16 冊。

124. 敦煌研究院主編，《敦煌石窟全集：飛天畫卷》（香港：香港商務印書館，

2003 年），第 15 冊。

125. 敦煌研究院主編，《敦煌石窟全集：圖案卷（上）》（香港：香港商務印書館，2003），第 13 冊。

126. 敦煌研究院主編，《敦煌石窟全集：圖案卷（下）》（香港：香港商務印書館，2003），第 14 冊。

127. 敦煌研究院編，《敦煌石窟內容總錄》（北京：文物，1996 年）。

128. 曾人口主撰，《金湖萬善同歸誌》（雲林：金湖萬善爺廟管理委員會，2008）。

129. 雲林慈聖太子殿，《雲林慈聖太子殿開基五路財元帥 2018 年度特刊》（雲林：雲林慈聖太子殿，2018）。

130. 新文豐公司編輯部編著，《叢書集成新編》（台北市：新文豐，1985），87 冊。

131. 楊士賢導讀，《臺灣廟宇寫真老照片》（新北：博揚文化，2018）。

132. 楊家駱主編，《新校本新唐書附索引》（臺北市：鼎文，1978），第二冊。

133. 楊維中注譯，《新譯華嚴經入法界品（上、下）》（台北市：三民，2004）。

134. 業露華主編，《中國佛教圖鑑》（甘肅：甘肅文化出版社，2005）。

135. 葉舒憲編選，《結構主義神話學》（西安：陝西師範大學出版總社有限公司，2011）。

136. 漢學研究中心編，《民間信仰與中國文化國際研討會論文集》（台北市：漢學研究中心，1994）。

137. 熊秉真，《童年憶往：中國孩子的歷史》（台北：麥田，2000）。

138. 艋舺龍山寺全志編纂委員會著，《艋舺龍山寺全志》（台北市：艋舺龍山寺，1951）。

139. 齊濤，《中國民俗通志》（山東：教育出版社，2005），第 10 卷。

140. 劉仲宇，《中國民間信仰與道教》（臺北市：東大，2003）。

141. 劉良佑編審，《台灣寺廟古蹟大觀萬華地區》（台北市：崇德工業研究發展基金會，1980）。

142. 劉福增，《語言哲學》（台北市：東大，1981）。

143. 劉錫誠、宋兆麟、馬昌儀主編，《中國民間神像》（北京：學苑出版社，1994）。

144. 劉還月，《田野工作實務手冊》（臺北市：常民文化，1996）。

145. 劉還月，《臺灣民間小百科・靈媒卷》（臺北市：臺原，1994）。

146. 歐陽哲生編，《胡適文集》（北京：北京大學出版社，1998），第 10 冊。

147. 潘諾夫斯基著；李元春譯，《造型藝術的意義》（台北：遠流出版社，1996）。

148. 鄭志明，《台灣傳統信仰的鬼神崇拜》（台北市：大元書局，2005）。

149. 鄭志明，《民間信仰與儀式》（台北市：文津，2010）。

150. 蕭登福著，《道教與民俗》（台北市：文津，2002）。

151. 賴惠玲，《語意學》（臺北市：五南，2017）。

152. 賴鵬舉，《敦煌石窟造像思想研究》（北京：文物出版社，2009）。

153. 繆良云主編，《中國衣經》（上海：上海文化，2000）。

154. 簡榮聰，《臺灣銀器藝術（上）》（臺中市：臺灣省文獻委員會，1988）。

155. 顏娟英，《鏡花水月：中國古代美術考古與佛教藝術的探討》（台北市：石頭，2016）。

156. 譚偉倫主編，《民間佛教研究》（北京：中華書局，2007）。

157. 譚顯崑，《玉器鑑定與分析（二） 肖生玉器》（台北市：三藝文化，2003）。

158. 嚴文儒注譯，侯迺慧校閱，《新譯東京夢華錄》（臺北市：三民，2004）。

二、期刊

1. 〔日〕森下和貴子，〈興福寺西金堂の安置仏：本尊釈迦如来像と童子形羅睺羅像〉，《奈良美術研究》，19（東京，2018），頁 1～18。

2. 〔日〕瀧本弘之，〈「磨喝楽研究」覚え書〉，《人形玩具研究》，14（東京，2003），頁 54～68。

3. 毛小龍、李紹蘭，〈宋湖田窯青白瓷嬰戲紋碗紋飾探究〉，《美術大觀》，2（沈陽，2009），頁 25。

4. 王一帆，〈宗教視域下的南宋風俗畫釋讀——以傳李嵩《骷髏幻戲圖》為例〉，《哈爾濱工業大學學報》，17：3（哈爾濱，2015），頁 94～101。

5. 王志宇，〈台灣的無祀孤魂信仰新論——以竹山地區祠廟為中心的探討〉，《逢甲人文社會學報》，6（台中，2003），頁 183～210。

6. 王飛峰，〈北魏蓮花化生瓦當探析〉，《四川文物》，3（成都，2019），頁 67～73。

7. 王偉，〈古代繈褓嬰兒塑像的民俗功能研究〉，《中國美術館》，11（北京，2012），頁 111～115。

8. 王梅珍，〈臺灣近代錫工藝材質與表現技法〉，《新北市立黃金博物館學刊》，7（新北市，2019），頁 70～81。

9. 王勝澤，〈西夏佛教藝術中的童子形象〉，《敦煌學輯刊》，4（蘭州，2015），頁 123～131。

10. 王蔚華，〈持荷玉童子賞〉，《收藏界》，9（銀川，2008），頁 33。

11. 王蕙瑄，〈論哪吒與彼德潘——東西方文化裡的永恆兒童〉，《竹蜻蜓·兒少文學與文化》，3（台東，2017），頁 193～221。

12. 石金女、石建東，〈淺談陶瓷嬰戲圖的發展〉，《景德鎮陶瓷》，2（景德鎮，2011），頁 152～153。

13. 吳有能，〈蓮生敘事：比較宗教象徵研究〉，《台大佛學研究》，33（台北市，2017），頁 109～144。

14. 吳珩，〈西夏圖像中的童子形象〉，《西夏研究》，1（寧夏，2016），頁 42～49。

15. 吳曉璇，〈宋金耀州窯及磁州窯嬰戲紋對比研究〉，《黑龍江史志》，3（哈爾濱，2014），頁 299～300。

16. 宋丙玲，〈唐代兒童服飾探究——以兒童圖像為中心的考察〉，《山東藝術學院學報》，5（濟南，2011），頁 33～40。

17. 宋春艷，〈淺析宋代嬰戲圖盛行的原因〉，《大眾文藝》，9（石家莊，2012），頁 33～34。

18. 巫大軍、楊艷，〈中國傳統嬰戲圖解讀〉，《文藝爭鳴》，14（長春，2010），頁 120～122。

19. 李文，〈千年童趣〉，《文物天地》，6（北京，2002），頁 1。

20. 李雁，〈唐代兒童服飾考〉，《絲綢》，52：10（杭州，2015），頁 63～75。

21. 李豐楙，〈從成人之道到成神之道：一個臺灣民間信仰的結構性思考〉，《東方宗教研究》，4（台北市，1994），頁 183～207。

22. 沈麗娟，〈宋代以來玉雕蓮花童子佩的演變〉，《東方收藏》，3（石獅，

2015），頁 23～30。

23. 車瑞，〈紅孩兒形象考論〉，《太原理工大學學報》，33：1（太原，2015），頁 64～67。

24. 邢鵬，〈鐵扇公主與紅孩兒形象的圖像來源——用文物解讀《西游記》系列〉，《收藏家》，12（北京，2018），頁 85～92。

25. 卓克華，〈鹿港鳳山寺——牧童化成神，信仰遍台閩〉，《新世紀宗教研究》，2：2（新北市，2003），頁 232～272

26. 林美容、劉家宏，〈太子爺與囝仔公——台灣囝仔神之研究〉，《新世紀宗教研究》15：4（新北市，2017），頁 87～110。

27. 林茂賢，〈反映台灣人文特色的行業神崇拜〉，《傳藝》，82（宜蘭，2009），頁 5。

28. 林海慧、姜苑，〈論磁州窯的嬰戲紋裝飾〉，《文物春秋》，6（石家莊，2011），頁 22～28。

29. 邱正略，〈戰後初期埔里地方信仰活動復振風潮〉，《逢甲人文社會學報》，36（台中市，2018），頁 77～131。

30. 侯志剛、薛聰銳，〈「嬰戲」題材古瓷器之藝術風格賞析〉，《時代文學》，5（濟南，2008），頁 149。

31. 胡清清，〈1949 年以來美術作品中的兒童形象及其意義〉，《美與時代（下）》，10（鄭州，2014），頁 92～94。

32. 孫發成，〈宋代的「磨喝樂」信仰及其形象——兼論宋孩兒枕與「磨喝樂」的淵源〉，《民俗研究》，1（濟南，2014），頁 135～143。

33. 馬天芳，〈湖北長陽清江地區求子習俗考〉，《中南民族大學學報》，S1（武漢，2003），頁 105～107。

34. 高金玉，〈中國古代「蓮華化生」形象與世俗化觀念的變遷〉，《美術觀察》，10（北京，2018），頁 120～124。

35. 康保成，〈中國戲神初考〉，《文藝研究》，2（北京，1998），頁 44～55。

36. 張中聞，〈論瓷上嬰戲圖的演變及創新〉，《中國陶瓷》，45：6（景德鎮，2009），頁 78～80。

37. 張文珺，〈江南泥孩兒歷史淵源考略〉，《美術與設計》，4（南京，2014），頁 126～129。

38. 張鵬飛，〈論「荷花情結」對中國佛教文化的審美觀照〉，《中南民族大學學報》，29：5（武漢，2009），頁 71～74。

39. 曹建文，〈從具象到抽象演變的一個民間藝術范例——景德鎮明代民間青花嬰戲紋演變過程的考察〉，《南京藝術學院學報》，4（南京，2004），頁 99～100。

40. 莊程恒，〈慶堂與淨土——晉南金墓中的嬰戲圖像及其雙重信仰〉，《美術學報》，4（廣州，2014），頁 21～30。

41. 陳江，〈中國古代執蓮童子造型玉雕的起源、定名及其發展演變〉，《中國文物世界》，151（香港，1998），頁 58～65。

42. 陳江，〈蓮孩玉——試論宋代執蓮童子題材玉雕的起源和定名〉，《東南文化》，7（江蘇省南京市，2000），頁 106～110。

43. 陳俊吉，〈中國善財童子的「五十三參」語彙與圖像考〉，《書畫藝術學刊》，12（新北市，2012），頁 355～396。

44. 陳俊吉，〈本生故事的善財童子對於亞洲文藝影響之初探：兼談中國此類造像藝術未發展之成因〉，《書畫藝術學刊》，13（新北市，2012），頁 259～297。

45. 陳俊吉，〈北朝至唐代化生童子的類型探究〉，《書畫藝術學刊》，15（新北市，2013），頁 177～251。

46. 陳俊吉，〈消失的造像傳統：唐密經論中曼荼羅的善財童子造像〉，《書畫藝術學刊》，14（新北市，2013），頁 111～139。

47. 陳俊吉，〈唐代蓮花童子圖在聖與俗的世界：化生童子在佛教繪畫與世俗嬰戲圖的轉換〉，《藝術學》，29（臺北市，2014），頁 7～135。

48. 陳俊吉，〈雷峰塔地宮玉雕童子像探究：五代善財童子異化的獨立造像〉，《玄奘佛學研究》，22（新竹市，2014），頁 37～83。

49. 陳俊吉，〈唐五代善財童子入法界品圖像探究〉，《書畫藝術學刊》，20（新北市，2016），頁 33～56。

50. 陳清香，〈歡喜‧自在——佛教圖像中的童子造型〉，《傳統藝術》，19（宜蘭，2002），頁 52～55。

51. 陳清香，〈台灣佛寺佛誕圖像巡禮記〉，《慧炬》，611（台北市，2018），頁 30～35。

52. 陳璐,〈兩宋嬰戲圖像與宗教〉,《美術大觀》,10（沈陽,2010）,頁 22 ～23。

53. 陳遵旭,〈初探台灣童子像的圖像與信仰功能——以艋舺龍山寺持蓮童 子為中心〉,《庶民文化研究》,19（台中市,2019）,頁 1～44。

54. 喻明福,〈宋代的執荷童子〉,《陶瓷學報》,33：3（景德鎮,2012）,頁 391～395。

55. 揚之水,〈摩睺羅與化生〉,《文物天地》,2（北京,2002）,頁 57～59。

56. 楊秀清,〈敦煌石窟壁畫中的古代兒童生活（一）〉,《敦煌學輯刊》,1（蘭 州,2013）,頁 24～46。

57. 林美容、蘇全正,〈臺灣的民間佛教傳統與「巖仔」的觀音信仰之社會實 踐〉,《新世紀宗教研究》,2：3（新北市,2004）,頁 2～34。

58. 楊琳,〈化生與摩侯羅的源流〉,《中國歷史文物》,2（北京,2009）,頁 21～34。

59. 楊雄,〈莫高窟壁畫中的化生童子〉,《敦煌研究》,3（甘肅,1988）,頁 81～89。

60. 鄔德慧、王雪艷,〈嬰戲紋在陶瓷裝飾藝術中的演變〉,《中國陶瓷》,46： 1（景德鎮,2010）,頁 69～74。

61. 趙偉,〈神聖與世俗——宋代執蓮童子圖像研究〉,《藝術設計研究》,33： 1（北京,2015）,頁 20～25。

62. 劉志國,〈磁州窯藝術中的兒童形象〉,《陶瓷科學與藝術》,1（株洲, 2007）,頁 38～41。

63. 劉明杉,〈摩喝樂與乞子〉,《中華文化畫報》,2（北京,2008）,頁 88～ 91。

64. 劉枝萬,〈清代台灣之寺廟（一）〉,《台北文獻》,4（臺北市,1963）,頁 101～120。

65. 劉峻,〈民俗文化與宗教融合之產物「磨喝樂」探討〉,《西北科技農林大 學學報》,10：1（楊陵,2010）,頁 105～109。

66. 劉淑音,〈以「連生貴子」為例試論嬰戲裝飾題材的隱含意義〉,《藝術學 報》,97（新北市,2015）,頁 19～42。

67. 劉道廣,〈從磨合羅的浮沉論民俗藝術的包容〉,《東南大學學報》,13：

4（南京，2011），頁 87～91。

68. 鄧建民，〈《嬰戲圖》的藝術特色〉，《景德鎮陶瓷》，16：4（南京，2005），
    頁 15～16。

69. 鄭素春，〈台灣註生娘娘信仰之研究〉，《輔仁宗教研究》，26（新北，
    2013），頁 179～223。

70. 謝錚，〈嬰戲圖紋的敘事文化現象〉，《藝術與設計（理論)》，5（北京，
    2011），頁 283～284。

71. 魏濤，〈古代玉童子撮要〉，《文物鑒定與鑒賞》，9（合肥，2015），頁 40
    ～45。

72. 姜義鎮，〈廣澤尊王信仰〉，《新竹文獻》，20（新竹，2005），頁 134～150。

73. 蔡珮如，〈花、女人、女神：臺南市臨水夫人廟換花儀式的性別意義〉，
    《民俗曲藝》，149（台北市，2005），頁 115～173。

74. 繆良云，〈中國性紋樣的觀念及形態〉，《蘇州絲綢工學院學報》，20：2
    （蘇州，2000），頁 29～35。

三、學位論文

1. 于鳳，〈中國宋代與十七世紀西方繪畫中兒童形象的比較研究〉，哈爾濱
   師範大學美術學碩士論文，2015 年。

2. 王雪艷，〈中國古瓷嬰戲紋研究〉，景德鎮陶瓷學院設計藝術學碩士論
   文，2011 年。

3. 王慧，〈宋遼金考古遺存中的孩童形象研究〉，吉林大學考古學碩士論
   文，2017 年。

4. 王儷蓉，〈普門化紅顏——中國觀音變女神之探究〉，台灣大學中國文學
   研究所碩士論文，台北市：台灣大學，2004 年。

5. 曲巍巍，〈中國傳統繪畫中嬰兒形象的歷史演變及其審美價值〉，中央美
   術學院美術學碩士論文，2008 年。

6. 李雁，〈中國古代兒童服飾研究〉，蘇州大學設計藝術學博士論文，2015
   年。

7. 周秉稑，〈保兒文化信仰研究：以傳統醫家、道教與民俗為主〉，國立台
   灣師範大學國文學系碩士論文，2018 年。

8. 高嘉琪，〈生育、養育、教育——唐代育兒文化研究〉，中興大學歷史學

系所碩士論文，2008 年。

9. 張海燕，〈元明清嬰戲圖藝術研究〉，福建師範大學美術學碩士論文，2013 年。

10. 梁會敏，〈中國吉祥兒童圖形探議〉，蘇州大學設計藝術學碩士論文，2007 年。

11. 陳俊吉，〈唐五代善財童子造像研究〉，國立臺灣藝術大學書畫藝術學系博士論文，2013 年。

12. 彭曉敏，〈清代人物畫中兒童圖像研究〉，陝西師範大學美術學碩士論文，2014 年。

13. 辜神徹，〈神明、祖先、恩人——臺北盆地的祖佛信仰〉，國立政治大學民族學系博士論文，2018 年。

14. 黃明秀，〈台灣生育禮俗與信仰之研究〉，國立台北教育大學台灣文化研究所碩士論文，2012 年。

15. 楊修月，〈聖嬰·苦兒·頑童——淺析十九世紀英語文學中兒童形象的演變〉，武漢大學比較文學與世界文學碩士論文，2005 年。

16. 葉俊谷，〈兒童神的敘事：以孫悟空與李哪吒為主的考察〉，國立政治大學中國文學系碩士論文，2006 年。

17. 董秋雨，〈巴蜀石窟嬰孩形象藝術研究〉，重慶大學美術學碩士論文，2018 年。

18. 劉軍，〈中國民間年畫中童子圖像研究〉，蘇州大學設計藝術學碩士論文，2011 年。

19. 劉莞芸，〈宋金紅綠彩「磨喝樂」瓷偶研究〉，景德鎮陶瓷大學考古學碩士論文，2016 年。

20. 劉靜敏，〈長沙窯及其題記之研究〉，中國文化大學中國文學研究所博士論文，2001 年。

21. 鄭陽，〈唐代兒童圖像研究〉，中央美術學院美術學碩士論文，2010 年。

22. 聶志文，〈中國傳統陶瓷嬰戲紋裝飾之研究〉，中國文化大學藝術研究所碩士論文，1988 年。

四、研究計畫案

1. 李建緯主持，「財團法人台北市艋舺龍山寺寺內既存文物普查登錄計

畫」，委託單位：財團法人台北市艋舺龍山寺；執行單位：逢甲大學歷史與文物研究所，2018 年。

2. 李建緯主持，「108～109 年苗栗縣獅山前山地區宗教文物普查暨調查研究計畫」，委託單位：苗栗縣文化觀光局；執行單位：一默影像工作室，2020 年。

3. 莊研育主持，「108～109 年花蓮縣花蓮市延平王廟文物普查建檔暨潛力古物研究調查計畫」，委託單位：花蓮縣文化局；執行單位：鹿溪文史工作室，2019 年。

五、網路資料

1. 漢籍電子文獻資料庫。網址：http://hanchi.ihp.sinica.edu.tw/ihpc/ttsweb?@0:0:1:hanji@@0.037115558793862524

2. CBETA 數位研究平台。網址：http://cbeta-rp.dila.edu.tw

3. 中國哲學書電子化計劃。網址：http://ctext.org/zh

4. 全國法規資料庫。網址：https://law.moj.gov.tw/Index.aspx

5. 艋舺龍山寺官網。網址：http://www.lungshan.org.tw/tw/index.php。2018 年 9 月 5 日點閱。

6. 台灣舊照片資料庫。網址：http://photo.lib.ntu.edu.tw/pic/db/oldphoto.jsp。2018 年 9 月 5 日點閱。

7. 國立故宮博物院。網址：https://www.npm.gov.tw/。2018 年 12 月 10 日點閱。

8. 國立故宮博物院南部院區。網址：http://south.npm.gov.tw/zh-TW。2018 年 12 月 10 日點閱。

9. 北京故宮博物院。網址：https://www.dpm.org.cn/Home.html。2018 年 12 月 10 日點閱。

10. 河南博物院。網址：http://www.chnmus.net/dcjp/node_30254.htm。2020 年 1 月 10 日點閱。

11. 河北博物院。網址：http://bwy.hbdjdz.com/html/goodInfo.html?id=118。2020 年 3 月 1 日點閱。

12. 長沙博物館。網址：http://www.csm.hn.cn/#/home。2018 年 12 月 10 日點閱。

13. 常州博物館。網址：http://wmdw.jswmw.com/home/?lid=9477。2018 年 12 月 10 日點閱。

14. 東京國立博物館。網址：https://www.tnm.jp/modules/r_collection/index.php?controller=dtl&colid=N191。2020 年 3 月 9 日點閱。

15. 全國宗教資訊網。網址：https://religion.moi.gov.tw/Knowledge/Content?ci=2&cid=271。2018 年 12 月 21 日點閱。

16. 覺風佛教藝術文化基金會官網。網址：ttps://www.chuefeng.org.tw/article/DcK7XQrrHeffp3LXH。2020 年 3 月 3 日點閱。

17. 台中廣天宮官網。網址：https://www.gtg.org.tw/about#knowGtg-theGods。2018 年 12 月 21 日點閱。

18. 南鯤鯓代天府官網。網址：http://www.nkstemple.org.tw/2012_web/2012_web_A2_3.htm。2018 年 12 月 21 日點閱。

19. 苗栗龍湖宮官網。網址：http://www.souls.org.tw/main-011.html。2018 年 12 月 21 日點閱。

20. 學甲慈濟宮官網。網址：http://www.tcgs.org.tw/guide/article/page/2/3。2020 年 3 月 1 日點閱。

21. 台南永華宮官網。網址：http://yonghua.vrbyby.com.tw/gods.php?infoid=83。2020 年 2 月 21 日點閱。

22. 大甲鎮瀾宮臉書粉絲團。網址：https://www.facebook.com/Dajiamazu/posts/2533674803310882。2019 年 5 月 12 日點閱。

23. 台中樂成宮官網。網址：http://lechun.org.tw/Beauty/Buildinghistory.aspx。2020 年 2 月 28 日點閱。

附錄　圖版列表

	圖 1： 艋舺龍山寺　持蓮童子像 圖片出處： 李建緯主持，「財團法人台北市艋舺龍山寺寺內既存文物普查登錄計畫」，委託單位：財團法人台北市艋舺龍山寺；執行單位：逢甲大學歷史與文物研究所，2018年。 郭肯德拍攝
	圖 2： 遼代五髻文殊童子鎏金青銅像，現藏於美國大都會藝術博物館 圖片出處： http://blog.sina.cn/dpool/blog/s/blog_769fb5f30101jzqp.html?vt=4。2018 年 12 月 10 日點閱。
	圖 3： 明代銅鎏金誕生佛像，現藏於國立故宮博物院南部院區 圖片出處： 陳遵旭拍攝

	圖 4： 唐代佛傳圖殘片——九龍灌水 圖片出處： Roderick Whitefield 編集、解說；林保堯編譯，《西域美術（一）：大英博物館斯坦因蒐集品〔敦煌繪畫 1〕》（臺北市：藝術家，2014），頁 229，圖 32-1。
	圖 5： 摩耶夫人脅下生子像 圖片出處： 東京國立博物館。網址：https://www.tnm.jp/modules/r_collection/index.php?controller=dtl&colid=N191。2020 年 3 月 9 日點閱。
	圖 6： 北京法海寺大雄寶殿「善財童子」壁畫 圖片出處： 如常主編；星雲大師總監修，《世界佛教美術圖說大辭典》（高雄市：佛光山宗委會，2013），第 15 冊，頁 508。
	圖 7： 那吒太子 圖片出處： 〔明〕佚名撰，《繪圖三教原流搜神大全：外二種》（上海：上海古籍出版社，2012），頁 329。

	圖 8： 大同湖東北魏 1 號墓出土之蓮花化生銅飾件 圖片出處： 林聖智，《圖像與裝飾：北朝墓葬的生死表象》（台北市：台大出版中心，2019），頁 131，圖 3-27。
 	圖 9： 北魏馮太后永固陵石卷門東西側捧蕾童子 圖片出處： 林聖智，《圖像與裝飾：北朝墓葬的生死表象》（台北市：台大出版中心，2019），頁 135，圖 3-32、3-33。
	圖 10： 唐代佛傳圖殘片——太子誕生圖（紅圈處） 圖片出處： Roderick Whitefield 編集、解說；林保堯編譯，《西域美術（一）：大英博物館斯坦因蒐集品〔敦煌繪畫 1〕》（臺北市：藝術家，2014），頁 226，圖 31-2。
	圖 11： 唐代佛傳圖殘片——九龍灌水圖 圖片出處： Roderick Whitefield 編集、解說；林保堯編譯，《西域美術（一）：大英博物館斯坦因蒐集品〔敦煌繪畫 1〕》（臺北市：藝術家，2014），頁 227，圖 31-3。

	圖 12： 唐代佛傳圖殘片——七步圖 圖片出處： Roderick Whitefield 編集、解說；林保堯編譯，《西域美術（一）：大英博物館斯坦因蒐集品〔敦煌繪畫 1〕》（臺北市：藝術家，2014），頁 225，圖 31-1。
	圖 13： 唐敦煌莫高窟第 44 窟善財童子於佛會中請法（紅圈處） 圖片出處： 陳俊吉，〈唐五代善財童子入法界品圖像探究〉，《書畫藝術學刊》，20（新北市，2016），頁 45，圖 8。
	圖 14： 瓜州榆林窟 29 窟南壁西夏供養人童子 圖片出處： 吳珩，〈西夏圖像中的童子形象〉，《西夏研究》，1（寧夏，2016），頁 45，圖 7。
	圖 15： 敦煌莫高窟第 217 窟北壁唐代供養童子（紅圈處） 圖片出處： 敦煌研究院主編，《敦煌石窟全集：阿彌陀經畫卷》（香港：香港商務印書館，2003），第 5 冊，頁 130。

圖 16：
敦煌莫高窟第 197 窟主室北壁唐代供養童子

圖片出處：
敦煌研究院主編，《敦煌石窟全集：民俗畫卷》（香港：香港商務印書館，2003），第 25 冊，頁 97。

圖 17：
敦煌莫高窟 398 窟西壁龕內隋代壁畫「童子飛天」

圖片出處：
敦煌研究院主編，《敦煌石窟全集：飛天畫卷》（香港：香港商務印書館，2003），第 15 冊，頁 140。

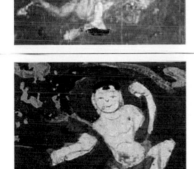

圖 18：
敦煌莫高窟 322 窟西壁龕北側隋代壁畫「白象入胎」之飛天童子

圖片出處：
敦煌研究院主編，《敦煌石窟全集：佛傳故事畫卷》（香港：香港商務印書館，2003），第 4 冊，頁 82。

圖 19：
敦煌莫高窟第 220 窟南壁唐代蓮生童子

圖片出處：
敦煌研究院主編，《敦煌石窟全集：阿彌陀經畫卷》（香港：香港商務印書館，2003），第 5 冊，頁 35。

	圖 20： 榆林窟第 5 窟西夏文殊菩薩赴法會像之蓮花型化生童子像，藏於華岡博物館 圖片出處： 蔡嘉珊拍攝
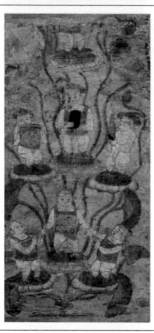	圖 21： 敦煌藏經洞出土唐代蓮化生童子絹本，現藏於吉美博物館藏 圖片出處： 〔法〕ジャック・ジエス（長賈克・吉耶斯，Jacques Giès）編；秋山光和等訳，《西域美術第 1 卷：ギメ美術館ペリオ・コレクション》（東京：講談社，1994），頁 320，彩図 28。
	圖 22： 敦煌莫高窟第 217 窟北壁唐代嬉戲童子壁畫 圖片出處： 敦煌研究院主編，《敦煌石窟全集：民俗畫卷》（香港：香港商務印書館，2003），第 25 冊，頁 96～97。

	圖 23： 敦煌莫高窟第 79 窟主室龕頂唐代嬉戲童子壁畫（部分截圖） 圖片出處： 敦煌研究院編，《敦煌石窟內容總錄》（北京：文物出版社，1996），頁 32。
	圖 24： 印度奧里薩出土的 9 世紀鬼子母造像 圖片出處： 李翎，《鬼子母研究：經典、圖像與歷史》（上海：上海書店，2018），頁 158，圖 4.1-68。
	圖 25： 四川安岳石門山石刻九號窟南宋鬼子母像 圖片出處： 李翎，《鬼子母研究：經典、圖像與歷史》（上海：上海書店，2018），頁 214，圖 4.3-17
	圖 26： 清代鬼子母尊天像水陸畫，現藏於中國首都博物館 圖片出處： 《北京文物鑒賞》編委會編，《明清水陸畫》（北京：北京美術攝影出版社，2004），頁 77。

	圖 27： 訶黎帝母眾帶童子像 圖片出處： 〔清〕丁觀鵬臨摹，彭連熙、彭福來繪，《法界源流圖》（天津：天津人民美術出版社，2011），頁 56。
	圖 28： 唐代〈那羅延天像〉手中所抱童子（紅圈處） 圖片出處： Roderick Whitefield 編集、解說；林保堯編譯，《西域美術（二）：大英博物館斯坦因蒐集品〔敦煌繪畫 2〕》（臺北市：藝術家，2019），頁 259，圖 58-1。
	圖 29： 唐代〈千手千眼觀世音菩薩圖〉中的「摩醯首羅天」手中所抱童子（紅圈處） 圖片出處： Roderick Whitefield 編集、解說；林保堯編譯，《西域美術（一）：大英博物館斯坦因蒐集品〔敦煌繪畫 1〕》（臺北市：藝術家，2014），頁 155，圖 18-9。
	圖 30： 鎮江宋元泥塑坊遺址出土「泥孩兒」 圖片出處： 李文，〈千年童趣〉，《文物天地》，6（北京，2002），頁 1。

圖 31：
元代（左）及清代（右）玉童子，藏於台北故宮博物院

圖片出處：
陳遵旭拍攝

圖 32：
宋「玉舉蓮童子」，藏於北京故宮博物院

圖片出處：
北京故宮博物院。網址：https://www.dpm.org.cn/Home.html。2018 年 12 月 10 日點閱。

圖 33：
清「玉蓮花戲嬰」，藏於台北故宮博物院

圖片出處：
故宮博物院。網址：http://antiquities.npm.gov.tw/Utensils_Page.aspx?ItemId=53950。2020 年 3 月 1 日點閱。

	圖 34： 宋「三彩童子荷葉枕」，藏於河南博物院 圖片出處： 河南博物院。網址：http://www.chnmus.net/dcjp/node_30254.htm。2020 年 3 月 1 日點閱。
	圖 35： 宋「三彩篦划水波紋童子持荷枕」，藏於河南博物院 圖片出處： 河南博物院。網址：http://www.chnmus.net/dcjp/node_30254.htm。2020 年 3 月 1 日點閱。
	圖 36： 宋「影青孩兒持荷葉枕」，藏於鎮江市博物館 圖片出處： 河南博物院。網址：http://www.chnmus.net/dcjp/node_30254.htm。2020 年 3 月 1 日點閱。
	圖 37： 北宋「定窯白瓷嬰兒枕」，藏於台北故宮博物院 圖片出處： 陳遵旭拍攝
	圖 38： 民國初年孩兒型瓷枕，藏於馬來西亞世德堂謝公司 圖片出處： 李建緯教授拍攝提供

	圖 39： 持蓮童子嬰戲紋罐，藏於台南大天后宮文物館 圖片出處： 李建緯教授拍攝提供
	圖 40： 唐代長沙窯青釉褐彩童子蓮紋壺，藏於北京故宮博物院 圖片出處： 李輝柄主編，《長沙窯　作品卷》（長沙：湖南美術，2004），第 1 冊，頁 337。
	圖 41： 宋「磁州窯白釉黑彩孩兒鞠球紋枕」，藏於河北博物院 圖片出處： 河北博物院。網址：http://bwy.hbdjdz.com/html/goodInfo.html?id=118。2020 年 3 月 1 日點閱。
	圖 42： 明「嘉靖青花嬰戲圖蓋罐」，藏於台北故宮博物院 圖片出處： 陳遵旭拍攝

	圖 43： 明「嘉靖五彩嬰戲圖杯」，藏於台北故宮博物院 圖片出處： 陳遵旭拍攝
	圖 44： 山西晉南民間「麒麟送子」木版年畫 圖片出處： 張道一、瞿海良主編，《漢聲》（台北市：漢聲雜誌社，1993），第 49 期，頁 65。
	圖 45： 方形麒麟童子紋銀胸配，藏於台中南屯萬和宮文物館 圖片出處： 陳遵旭拍攝
	圖 46： 近代麒麟送子銀飾配 圖片出處： 李建緯教授拍攝提供

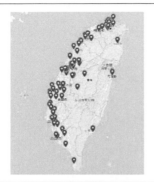	圖 47： 本研究內容台灣田野調查點分佈圖 圖片出處： 陳遵旭製圖
	圖 48： 麻豆太子宮主祀立身太子元帥與蓮花太子 圖片出處： 陳遵旭拍攝
	圖 49： 麻豆太子宮蓮花太子 圖片出處： 陳遵旭拍攝
	圖 50： 高雄三鳳宮主祀中壇元帥 圖片出處： 陳遵旭拍攝

	圖 51： 苗栗白沙屯五雲宮三太子 圖片出處： 陳遵旭拍攝
	圖 52： 新莊慈祐宮三太子 圖片出處： 陳遵旭拍攝
	圖 53： 中港慈裕宮三太子 圖片出處： 陳遵旭拍攝

	圖 54： 苗栗竹南龍鳳宮白玉三太子 圖片出處： 陳遵旭拍攝
	圖 55： 彰化大村田洋城隍廟騎馬三太子 圖片出處： 陳遵旭拍攝
	圖 56： 嘉義大林義和隆天宮三太子 圖片出處： 陳遵旭拍攝

	圖 57： 桃園護宮國太子廟三頭八臂太子 圖片出處： 陳遵旭拍攝
	圖 58： 艋舺慈航王府蓮花太子像 圖片出處： 陳遵旭拍攝
	圖 59： 以哪吒殺龍抽龍筋傳說為本所刻的龍太子 圖片出處： 吳政男司提供

	圖 60： 崙背慈聖太子殿五路開基小元帥 圖片出處： 陳遵旭拍攝
	圖 61： 信徒以孩童喜愛之物供奉三太子 圖片出處： 陳遵旭拍攝
	圖 62： 大甲鎮瀾宮太子團紀念奶嘴，可供信徒索取並與太子交換 圖片出處： http://myotherworld.pixnet.net/blog/post/34642741-f。2018 年 12 月 21 日點閱。
	圖 63： 路竹慧賢宮供奉紅孩兒 圖片出處： 陳遵旭拍攝

	圖 64： 廟方以玩具供奉紅孩兒 圖片出處： 陳遵旭拍攝
	圖 65： 廣澤尊王神像辨識符號為翹腳 圖片出處： 中國福建泉州閩台緣博物館藏品 陳遵旭拍攝
	圖 66： 台南西羅殿主祀廣澤尊王 圖片出處： 陳遵旭拍攝
	圖 67： 彰化南瑤宮後殿供奉廣澤尊王 圖片出處： 陳遵旭拍攝

圖 68：
宜蘭員山廣興堂廣澤尊王分靈神尊

圖片出處：
陳遵旭拍攝

圖 69：
宜蘭員山廣興堂牧童體廣澤尊王

圖片出處：
陳遵旭拍攝

圖 70：
台中廣天宮供奉囝仔公

圖片出處：
陳遵旭拍攝

	圖 71: 南鯤鯓萬善堂供奉萬善爺(囡仔公) 圖片出處: 陳遵旭拍攝
	圖 72: 南鯤鯓代天府萬善堂旁水池所設置的牧童造景 圖片出處: 陳遵旭拍攝
	圖 73: 台南歸仁童子軍廟供奉童子軍爺之分靈神像 圖片出處: 陳遵旭拍攝
	圖 74: 台南歸仁童子軍廟旁水池之牧童造景 圖片出處: 陳遵旭拍攝

圖 75：
社子島威靈廟主祀囝仔公

圖片出處：
陳遵旭拍攝

圖 76：
社子島威靈廟囝仔公騎麒麟像

圖片出處：
陳遵旭拍攝

圖 77：
信徒可向南鯤鯓萬善爺求發財金

圖片出處：
陳遵旭拍攝

圖 78：
大稻埕慈聖宮月老挾祀童子

圖片出處：
陳遵旭拍攝

	圖79： 台中樂成宮月老挾祀童子 圖片出處： 陳遵旭拍攝
	圖80： 彰化定光佛廟挾祀童子 圖片出處： 陳遵旭拍攝
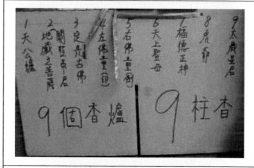	圖81： 彰化定光佛廟參拜流程圖可見對兩童子的稱號 圖片出處： 陳遵旭拍攝
	圖82： 麻豆太子宮文昌帝君挾祀童子 圖片出處： 陳遵旭拍攝

圖 83：
苗栗竹南保民宮文昌帝君挾祀童子

圖片出處：
陳遵旭拍攝製圖

圖 84：
屏東慈鳳宮文昌帝君挾祀童子

圖片出處：
陳遵旭拍攝製圖

圖 85：
艋舺龍山寺文昌帝君挾祀童子

圖片出處：
陳遵旭拍攝製圖

圖 86：
台中樂成宮、彰化南瑤宮、彰邑關帝廟等
文昌帝君挾祀童子

圖片出處：
陳遵旭拍攝製圖

	圖 87： 彰邑關帝廟文昌帝君挾祀天聾地啞童子 圖片出處： 陳遵旭拍攝製圖
	圖 88： 艋舺龍山寺紫陽夫子挾祀童子 圖片出處： 陳遵旭拍攝製圖
	圖 89： 台中樂成宮華陀仙師挾祀童子 圖片出處： 陳遵旭拍攝製圖
	圖 90： 烘爐地福德廟土地公挾祀招財進寶童子 圖片出處： 陳遵旭拍攝製圖

圖 91：
彰邑關帝廟武財神挾祀招財利市童子

圖片出處：
陳遵旭拍攝製圖

圖 92：
台南臨水夫人媽廟福德正神挾祀顧花童子

圖片出處：
陳遵旭拍攝

持拂童子　持魚童子
持蓮童子　持蓮童子

圖 93：
學甲慈濟宮慈福寺觀音挾祀持拂持魚持蓮童子

圖片出處：
學甲慈濟宮官網。網址：http://www.tcgs. org.tw/guide/article/page/2/3。2020 年 3 月 1 日點閱。

	圖 94： 中國福建漳州侍王府通元廟福德正神挾祀持蓮童子 圖片出處： 陳遵旭拍攝
	圖 95： 台北松山王府劍童宮開基劍童 圖片出處： 陳遵旭拍攝
	圖 96： 台北松山王府劍童宮主祀神劍童 圖片出處： 陳遵旭拍攝

	圖 97： 善財童子雙手合十，相貌虔誠禮佛 圖片出處： 劍潭古寺善財童子 陳遵旭拍攝
	圖 98： 飄帶與蓮台亦為善財童子等常見符號 圖片出處： 新塭嘉應廟送子觀音挾祀善財童子 陳遵旭拍攝
	圖 99： 善財童子具有童子相貌與服飾等象徵符號 圖片出處： 中國福建泉州崇遠古城南城門上觀音廟挾祀善財童子 陳遵旭拍攝

	圖 100： 部分善財童子面貌較似青少年 圖片出處： 麻豆太子宮觀音挾寺善財童子 陳遵旭拍攝
	圖 101： 嘉義大林義和隆天宮供奉白鶴童子 圖片出處： 陳遵旭拍攝
	圖 102： 台中北屯興建中之白鶴仙宮房頂之白鶴童子像 圖片出處： 陳遵旭拍攝
	圖 103： 苗栗龍湖宮供奉嬰靈之仁濟堂門口 圖片出處： 陳遵旭拍攝

	圖 104： 苗栗龍湖宮佛童子形制 圖片出處： 陳遵旭拍攝
	圖 105： 苗栗龍湖宮受供奉之佛童子（嬰靈） 圖片出處： 陳遵旭拍攝
	圖 106． 台南的全臺首邑縣城隍廟供奉童子爺 （男女童） 圖片出處： 陳遵旭拍攝
	圖 107： 彰化和美羅子宮主祀甘羅太子開基神 圖片出處： 陳遵旭拍攝

	圖 108： 麻豆代天府東嶽大帝殿挾祀甘羅太子 圖片出處： 陳遵旭拍攝
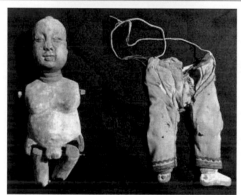	圖 109： 北港集雅軒收藏清末孩兒爺軟身像與其布褲 圖片出處： 邱彥翔提供
	圖 110： 台中豐原民間收藏孩兒爺 圖片出處： 王銘釧提供

	圖 111： 新竹都城隍廟供奉大二少爺 圖片出處： 陳遵旭拍攝
	圖 112： 苗栗白沙屯五雲宮拔少爺（無著衣） 圖片出處： 陳遵旭拍攝
	圖 113： 苗栗白沙屯五雲宮拔少爺（著神衣） 圖片出處： 陳遵旭拍攝
	圖 114： 中國福建泉郡日月太保宮碑記 圖片出處： 陳遵旭拍攝

	圖 115： 中國福建泉州安海龍山寺、安平橋水心亭、漳州東橋亭供奉之日月太保 圖片出處： 陳遵旭拍攝製圖
	圖 116： 中國福建泉州佛具店「西方國」所售日月太保 圖片出處： 陳遵旭拍攝
	圖 117： 嘉義東石副瀨富安宮供奉三哥爺安奉於蘇府千歲胸前 圖片出處： 陳遵旭拍攝
	圖 118： 溪頭龍山廟供奉飛天童子 圖片出處： 陳遵旭拍攝

圖 119：
南投市鳳凰寺供奉鐵甲神童

圖片出處：
陳遵旭拍攝

圖 120：
中和圓通禪寺供奉佛誕生像

圖片出處：
陳遵旭拍攝

圖 121：
獅頭山勸化堂與饒益院之佛誕生像

圖片出處：
陳遵旭拍攝

	圖 122： 佛光山浴佛像 圖片出處： https://shine.gogoblog.tw/blogview.php?blogid=959。2018 年 12 月 10 日點閱。
	圖 123： 大龍峒保安宮註生娘娘殿供奉軟身童子 圖片出處： 陳遵旭拍攝
	圖 124： 大稻埕慈聖宮註生娘娘殿供奉童子 圖片出處： 陳遵旭拍攝
	圖 125： 台中樂成宮財神殿供奉招財童子 圖片出處： 陳遵旭拍攝

圖 126：
信徒以糖果餅乾玩具供奉招財童子

圖片出處：
陳遵旭拍攝

圖 127：
明「青銅鎏金抱子觀音菩薩坐像」，藏於
台北故宮博物院

圖片出處：
陳遵旭拍攝

圖 128：
清「送子觀音像」，藏於中國福建廈門蔡
氏漆線雕公司

圖片出處：
陳遵旭拍攝

 漳州文昌宮　漳州東橋亭	圖 129： 中國福建漳州文昌宮、東橋亭供奉送子觀音 圖片出處： 陳遵旭拍攝
 屏東慈鳳宮　新塭嘉應廟　新竹法蓮寺 林邊三法寺　劍潭古寺 大灣觀音廟　苗栗天靈寺　金山萬里情月老廟	圖 130： 台灣民間信仰中各地送子觀音像 圖片出處： 陳遵旭拍攝製圖

圖 131：
台中廣天宮童子拜觀音像

圖片出處：
陳遵旭拍攝

圖 132：
家庭神明廳童子拜觀音神明彩

圖片出處：
陳遵旭拍攝

圖 133：
明代土地公帶童子像，藏於廈門蔡氏漆線雕公司

圖片出處：
陳遵旭拍攝

	圖 134： 鹿港北土地宮廟土地宮手牽童子像 圖片出處： 陳遵旭拍攝
 	圖 135： 台灣民間信仰中各地土地婆帶童子像 圖片出處： 陳遵旭拍攝製圖
	圖 136： 新竹芎林茶亭福德祠「送子廟」路標 圖片出處： 陳遵旭拍攝

圖 137：
日式風格的子安地藏石雕像

圖片出處：
陳遵旭拍攝

圖 138：
北投普濟寺供奉了安地藏像

圖片出處：
陳遵旭拍攝

圖 139：
北投普濟寺沿革志中關於子安地藏記錄

圖片出處：
陳遵旭拍攝

	圖 140： 台灣民間信仰中各地婆者像 圖片出處： 陳遵旭拍攝製圖
 	圖 141： 台灣民間信仰中各類型婆者附屬童子像 圖片出處： 李建緯主持，「財團法人台北市艋舺龍山寺寺內既存文物普查登錄計畫」 郭肯德拍攝；陳遵旭拍攝製圖
	圖 142： 壽子財供像 圖片出處： 中國福建泉州閩台緣博物館藏 陳遵旭拍攝
	圖 143： 祿星捧童子供像 圖片出處： 大甲鎮瀾宮媽祖文化大樓藏 陳遵旭拍攝

圖 144：
台南安定仙子廟主祀林府仙子

圖片出處：
陳遵旭拍攝

圖 145：
台南安定仙子廟供奉生娘媽

圖片出處：
陳遵旭拍攝

圖 146：
林府仙子與生娘媽手捧童子像

圖片出處：
陳遵旭拍攝製圖

圖 147：
口湖金湖萬善爺廟戰水英雄

圖片出處：
陳遵旭拍攝

	圖 148： 戰水英雄身上童子表情 圖片出處： 陳遵旭拍攝
	圖 149： 彰化南瑤宮石雕吉祥圖像 圖片出處： 陳遵旭拍攝
	圖 150： 學甲慈濟宮壽子財剪黏 圖片出處： 陳遵旭拍攝
	圖 151： 童子附屬型裝飾石板 圖片出處： 陳遵旭拍攝製圖

圖 152：
童子主題型裝飾

圖片出處：
陳遵旭拍攝製圖

圖 153：
吉祥象徵童子裝飾

圖片出處：
陳瑤玲老師提供、陳遵旭拍攝製圖

圖 154：
桃園護國宮太子廟哪吒神話題材石板裝飾

圖片出處：
陳遵旭拍攝製圖

	圖 155： 口湖蚶仔寮開基萬善祠廟額兩側裝飾童子 圖片出處： 陳遵旭拍攝
	圖 156： 新竹法蓮寺殿前門楣上飛天童子 圖片出處： 陳遵旭拍攝
	圖 157： 台灣民間信仰各地劍印童子爐耳 圖片出處： 陳遵旭拍攝製圖
	圖 158： 雲林安西府與參天宮相似之顧爐童子 圖片出處： 陳遵旭拍攝製圖

圖159：
顧爐童子前的糖果零錢供品

圖片出處：
陳遵旭拍攝

圖160：
艋舺龍山寺禮斗上裝飾童子像

圖片出處：
陳遵旭拍攝

圖161：
各地相似之持蓮童子單體式裝飾造像

圖片出處：
李建緯教授提供；陳遵旭拍攝製圖

	圖 162： 信徒供奉糖果餅乾鞋子等孩童喜愛之物 圖片出處： 陳遵旭拍攝
	圖 163： 台北法主公廟錫製持蓮童子 圖片出處： 陳遵旭拍攝
	圖 164： 大稻埕慈聖宮錫製持蓮童子 圖片出處： 陳遵旭拍攝

	圖 165： 台北大龍峒保安宮太歲殿蓮花童子 圖片出處： 陳遵旭拍攝
	圖 166： 台北大龍峒保安宮麒麟童子 圖片出處： 李建緯教授提供
	圖 167： 新竹天王寺財神廟石雕運財童了 圖片出處： 陳遵旭拍攝
	圖 168： 石雕運財童子求財儀式說明 圖片出處： 陳遵旭拍攝

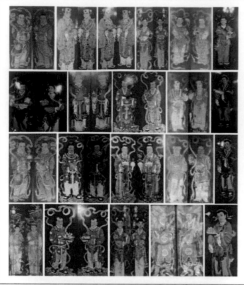

圖 169：
台灣民間信仰中各式童子門神

圖片出處：
陳遵旭拍攝製圖

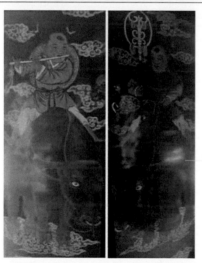

圖 170：
台北汐止玉勒紫明代天府建凌宮萬善堂童子門神

圖片出處：
陳遵旭拍攝製圖

圖 171：
各地高元帥抱童子門神

圖片出處：
陳遵旭拍攝製圖

圖 172：
新竹竹蓮寺附屬童子型裝飾彩繪

圖片出處：
陳遵旭拍攝製圖

圖 173：
桃園護國宮太子廟三太子題材彩繪裝飾

圖片出處：
陳遵旭拍攝製圖

	圖 174： 汐止玉勒紫明代天府建凌宮萬善堂童子題材彩繪裝飾 圖片出處： 陳遵旭拍攝製圖
	圖 175： 1953 年的中殿重建工程 圖片出處： 張蒼松，《典藏艋舺歲月》（台北市：時報文化，1997），頁 106，圖 6。
	圖 176： 艋舺龍山寺中殿現景 圖片出處： 陳遵旭拍攝
	圖 177： 昭和 18 年艋舺龍山寺後殿參拜註生娘娘之線香與祈願品 圖片出處： 台灣舊照片資料庫：http://photo.lib.ntu.edu.tw/pic/db/oldphoto.jsp。2018 年 9 月 5 日點閱。

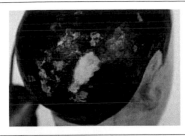

圖 178：
持蓮童子後腦部份漆層剝落露出表紙層

圖片出處：
李建緯教授主持：「艋舺龍山寺寺內既存
文物普查登錄計畫」
郭肯德拍攝

圖 179：
持蓮童子大腿剝裂處

圖片出處：
李建緯教授主持：「艋舺龍山寺寺內既存
文物普查登錄計畫」
郭肯德拍攝

圖 180：
持蓮童子右後大腿剝落一塊

圖片出處：
李建緯教授主持：「艋舺龍山寺寺內既存
文物普查登錄計畫」
郭肯德拍攝

圖 181：
持蓮童子臉形飽滿清秀

圖片出處：
李建緯教授主持：「艋舺龍山寺寺內既存
文物普查登錄計畫」
郭肯德拍攝

圖 182：
持蓮童子身著開襠褲露出生殖器

圖片出處：
李建緯教授主持：「艋舺龍山寺寺內既存
文物普查登錄計畫」
郭肯德拍攝

	圖 183： 持蓮童子背部破口處可見兩層膚色漆層 圖片出處： 李建緯教授主持：「艋舺龍山寺寺內既存文物普查登錄計畫」 吳慶泰老師拍攝
	圖 184： 持蓮童子 x 光拍攝可見右大腿之鐵釘 圖片出處： 李建緯教授主持：「艋舺龍山寺寺內既存文物普查登錄計畫」 吳慶泰老師拍攝
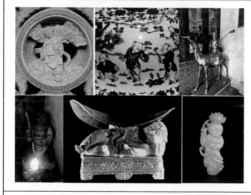	圖 185： 中國傳統蓮花與童子組合圖像 圖片出處： 陳遵旭拍攝製圖
	圖 186： 中國民間宮廟中註生娘娘與蓮花化生童子的圖像結合 片出處： 陳遵旭拍攝製圖

	圖187： 台灣民間信仰裝飾類單體持蓮童子造像 圖片出處： 李建緯教授提供、陳遵旭拍攝製圖
	圖188： 傳統圖像中的持蓮童子 圖片出處： 陳遵旭拍攝製圖
	圖189： 獨立持蓮童子裝飾圖像 圖片出處： 陳遵旭拍攝、製圖
	圖190： 新竹進士地持蓮童子裝飾斗拱 圖片出處： 陳瑤玲老師提供

	圖 191： 虎尾持法媽祖宮複合型蓮花童子裝飾圖像 圖片出處： 陳遵旭拍攝、製圖
	圖 192： 彩繪裝飾蓮花童子 圖片出處： 陳遵旭拍攝
	圖 193： 學甲慈濟宮慈福寺挾祀持蓮童子 圖片出處： 學甲慈濟宮官網。網址：http://www.tcgs.org.tw/guide/article/page/2/3。2020 年 3 月 1 日點閱。
	圖 194： 坐身式蓮花太子 圖片出處： 陳遵旭拍攝、製圖

 	圖 195： 立身式蓮花太子 圖片出處： 陳遵旭拍攝、製圖
   	圖 196： 婆者配件之露生殖器童子造像 圖片出處： 郭肯德拍攝、陳遵旭拍攝製圖
	圖 197： 婆者配件之露生殖器童子造像 圖片出處： 陳遵旭拍攝製圖
  	圖 198： 與持蓮童子像相似之供奉方式 圖片出處： 陳遵旭拍攝製圖

  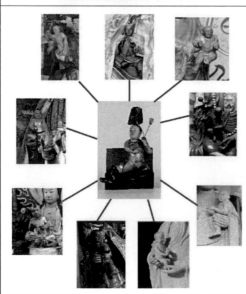	圖 199： 脫椅型神像臀部為扁平以求平穩置放於座椅上 圖片出處： 李建緯教授主持：「艋舺龍山寺寺內既存文物普查登錄計畫」 郭肯德拍攝
	圖 200： 持蓮童子像臀部離木座並不密合 圖片出處： 李建緯教授主持：「艋舺龍山寺寺內既存文物普查登錄計畫」 郭肯德拍攝
	圖 201： 艋舺龍山寺持蓮童子像與其他附屬配件式童子像比較 圖片出處： 郭肯德拍攝、陳遵旭拍攝製圖